Gustav Nottebohm

Mozartiana

Gustav Nottebohm

Mozartiana

ISBN/EAN: 9783742879097

Manufactured in Europe, USA, Canada, Australia, Japa

Cover: Foto ©Thomas Meinert / pixelio.de

Manufactured and distributed by brebook publishing software (www.brebook.com)

Gustav Nottebohm

Mozartiana

Mozartiana.

Von Mozart herrührende und ihn betreffende,

zum großen Theil

noch nicht veröffentlichte Schriftstücke.

Nach aufgefundenen Handschriften

herausgegeben

von

Gustav Nottebohm.

Leipzig,

Druck und Verlag von Breitkopf und Härtel.

1880.

Vorwort.

Gegen Ende des vorigen Jahrhunderts faßte Friedrich Rochlitz den Vorsatz, eine Biographie Mozart's zu schreiben. Breitkopf und Härtel sollten die Verleger sein. Letztere, welche damals wegen Erlangung handschriftlicher Vorlagen für die von ihnen unternommene Ausgabe Mozart'scher Compositionen mit der Wittwe Mozart's in Verbindung standen, übernahmen es, dieselbe auch um Beiträge zu einer Biographie Mozart's zu ersuchen. Später wandte man sich zu gleichem Zwecke auch an die Schwester Mozart's. Beide willfahrten dem Ersuchen und sandten reichlich. Von dem von ihnen übersandten biographischen Material, nach dem Otto Jahn vergeblich gesucht hat[1], ist der größte Theil in Abschrift erhalten worden und vor einigen Jahren zum Vorschein gekommen. Der

---

[1] Vgl. O. Jahn's „Mozart", 1. Ausg. Bd. I, S. X f., Bd. III. S. 503 f.; 2. Ausg. Bd. I, S. IX f. Eine Ausnahme von dem oben Gesagten bilden selbstverständlich die in den ersten zwei Jahrgängen der Leipziger Allg. Musik. Zeitung stehenden, auf Mittheilungen der Wittwe und der Schwester Mozart's beruhenden „Anekdoten".

Fund besteht in zwei Heften, welche in Leipzig und
fast ganz von einer Hand geschrieben sind und in welche
Briefe, Aufsätze, Gedichte, Zeitungsnotizen u. s. w.,
welche von den Frauen eingesandt wurden, allem An=
schein nach in der Ordnung, in der sie einliefen, ein=
getragen sind.

Ein Heft (in Quartformat und mit 144 beschrie=
benen Seiten) hat den Titel: „Materialien zu Mozart's
Leben, von der W<u>we</u> Mozart mitgetheilt". Eine
gleichlautende Ueberschrift steht am obern Rande der
meisten Blätter. Das Heft enthält größtentheils Briefe
Mozart's. Von diesen sind höchstens 25 bis jetzt ge=
druckt, mehr als 40 noch nicht gedruckt worden.
Außerdem sind hervorzuheben einige bis jetzt unbe=
kannt gebliebene Gedichte Mozart's und einige Schrift=
stücke verschiedener Art und Herkunft. Aus einigen
Anzeichen[1] ergiebt sich, daß die Wittwe nicht immer
das Original, sondern eine Abschrift nach Leipzig ge=
schickt hatte. Bei einigen „Actenstücken" sagt das die
Wittwe selbst.

Das andere Heft (ebenfalls in Quartformat und
mit 73 beschriebenen Seiten) trägt den Titel: „Ma=
terialien zu Mozarts Leben. Von Mozarts Schwester
mitgetheilt. Decbr. 99", und auf dem obern Rande
jedes Blattes die Bemerkung: „Von Mozarts Schwester

---

[1] So z. B. aus den in mehreren Briefen zur Ersetzung von
Personennamen vorkommenden Buchstaben: „N. N.", aus der in
einem Briefe (S. 49) vorkommenden Bemerkung: „er hatte nehm=
lich sehr krumm geschrieben" u. s. w.

mitgetheilt". Das wichtigste Stück des Heftes ist der Aufsatz, den die Schwester für Friedr. Schlichtegroll geschrieben hat und der von diesem in seinem „Nekrolog auf das Jahr 1791" (2. Jahrgang, 2. Band, Gotha 1793, S. 82 bis 112) benutzt wurde[1]. Der Aufsatz enthält in 11 Abschnitten die Antworten auf eben so viel Fragen. In der Form und Vollständigkeit, in der er von Marianna Mozart geschrieben ist, ist der Aufsatz noch nicht gedruckt worden. Einzelne Stellen daraus finden sich bei Schlichtegroll wörtlich wieder. Schlichtegroll hat aber Vieles, vielleicht weil es ihm geringfügig erschien, weggelassen. Die von ihm weggelassenen Stellen enthalten Daten, deren Quellen jetzt versiegt sind und die, mögen sie nun geringfügig sein oder nicht, theils zur Berichtigung, theils zur Vervollständigung bisheriger Angaben dienen können[2]. Was das Heft sonst bringt, ist bekannt und von geringerer Bedeutung.

Eine der ersten Fragen, welche sich nach Auffindung und nach Erkennung der Bedeutenheit der Manuscripte einstellte, war die, was mit ihnen zu geschehen sei. Wäre Otto Jahn noch am Leben, so hätte jene Frage kaum aufkommen können. Die Schriften wären ihm übergeben worden, und sie hätten in keine besseren Hände gelegt werden können, als in die

---

[1] Vgl. Niemtschek's „Leben Mozart's", Prag 1798, S. 6; O. Jahn's Biographie, 1. Ausg. Bd. I, S. IX, 2. Ausg. Bd. I, S. VIII und 23 (Anm.).

[2] Wir machen nur auf die Angabe der Todeszeit Mozart's aufmerksam, welche bei der Schwester (S. 109) genauer ist, als anderswo.

seinigen. Die Hefte da liegen lassen, wo sie einmal lagen, konnte und wollte man nicht. Die Schriften hatten Anspruch auf Veröffentlichung. Da durch Umordnung der einzelnen Stücke ein zusammenhängendes, in seinem Inhalt fortschreitendes Ganze nicht herzustellen war, so erschien es am besten und rathsamsten, die Bücher zu nehmen, wie sie sind, und die in ihnen vorkommenden Stücke in der bunten Reihe drucken zu lassen, in der sie vom Abschreiber eingetragen sind. Diese durch die Beschaffenheit des Gegenstandes bedingte Wiedergabe ist zum Durchlesen wenig geeignet, wird aber bei einer Benutzung die sichersten Anhaltspunkte geben. Kürzungen waren bei der Wiedergabe nicht nur zulässig, sondern auch nöthig. Gekürzt werden konnten diejenigen nicht von Mozart herrührenden Stücke, welche wenig oder gar kein Interesse bieten, und diejenigen Stücke, welche bereits gedruckt sind, jedoch mit Ausnahme derjenigen wichtigeren Stücke, welche sich nach unseren Vorlagen genauer oder vollständiger bringen lassen, als sie bisher gebracht worden sind. Wegzulassen waren ferner mehrere das Schicklichkeitsgefühl verletzende Stellen.

Nähere Auskunft über die von den Frauen eingesandten Schrift= und Druckstücke geben ihre Briefe an Breitkopf und Härtel. Auszüge aus dieser Correspondenz, die auch O. Jahn kannte und aus der er Auszüge gebracht hat, sind im Anhang zusammengestellt. Unter den darin genannten eingesandten Briefen und andern Schriftstücken Mozart's befinden sich mehrere, welche bis jetzt noch nicht zum Vorschein gekommen und wohl als verloren zu betrachten sind [1]. Beim Ausziehen der Briefstellen sind auch solche berücksichtigt und aufgenommen worden, welche in Betreff einiger verloren gegangener Compositionen Mozart's oder in anderer Beziehung beachtens- oder bemerkenswerth sind. Unsere Vorlagen enthalten manche Schreibfehler, von denen ein Theil beseitigt werden konnte, ein anderer nicht. Auch mehrere zweifelhafte oder mehrdeutige Ausdrücke mußten beim Druck stehen bleiben. Die bei der Herausgabe weggebliebenen Stellen sind mit Punkten angedeutet. Die im Text in eckigen Klammern eingeschlossenen Wörter sind bei der Herausgabe hinzugefügt worden, und die in gebogenen Klammern eingeschlossenen Wörter stehen so in den Vorlagen, oder es sind darin vorkommende Randbemerkungen. Besitzer der Vorlagen sind Breitkopf und Härtel.

G. Nottebohm.

---

[1] Zu nennen sind: ein Büchlein „Capricci", ein Aufsatz über die „Grotte", Briefe über Mozart's Aufenthalt in Potsdam und ein italienischer Brief „an die Lang".

Kurzgefaßtes Inhaltsverzeichniß.

(Die bei den Seitenzahlen mit Sternchen versehenen Schriftstücke sind bisher ungedruckt.)

I. Mittheilungen der Wittwe Mozart's.

Anzeigen und Berichte über zum Andenken an Mozart und von der Wittwe Mozart's gegebene Concerte. Seite 3, 4, 15, 15, 16.

Trauerode auf Mozart. S. 3.

Bericht aus Prag, Mozart's Sohn Carl betreffend. S. 5.

Briefe Mozart's aus Bäsle. S. 6, 17, 48*, 51, 68, 69, 71*.

Gedichte Mozart's. S. 6*, 8*, 47*.

Mozart in das Gebetbuch seiner Braut. S. 9*.

Auszug aus einem Briefe Joseph Haydn's. S. 10*.

Gesuche Mozart's und Antworten darauf. S. 10, 11.

Decret der Anstellung Mozart's als k. k. Kammermusikus. S. 11.

Briefe Mozart's an seine Frau. S. 11*, 17*, 19, 21*, 23*, 24*, 25, 27*, 27*, 29*, 30, 31*, 32*, 33*, 33*, 34*, 34*, 35*, 35*, 37, 39, 41, 42*, 44*, 46*, 72*, 75*, 76*, 78, 80, 81*, 83*, 83, 84*, 88, 88, 91, 92.

Briefe Mozart's an Puchberg. S. 12*, 52*, 52*, 53, 53*, 54, 55*, 55*, 56*, 57*, 57*, 58, 59, 60, 62*, 63*, 65, 85*, 85*, 86*, 87*.

Gesuche der Wittwe Mozart's und Antworten darauf. S. 15, 16, 16, 16.

Brief aus London an Mozart. S. 67*.

Brief Mozart's an Constanze Weber. S. 71.

II. Mittheilungen der Schwester Mozart's.

Daten zur Biographie Mozart's. (Ursprünglich für Schlichtegroll geschrieben.) S. 95—111*.

Reden und Gedichte auf Mozart. S. 112—118.

Zeitungsberichte u. dgl. S. 113—117.

Zeugniß des Padre Martini. S. 116.

Eine Mozart gewidmete Composition. S. 118.

Anhang.

Auszüge aus Briefen der Wittwe Mozart's an Breitkopf und Härtel. S. 121—134.

Auszüge aus Briefen der Schwester Mozart's an Breitkopf und Härtel. S. 135—139.

I.

Mittheilungen der Wittwe Mozart's.

Musikalische Acadmiee
zum Andenken von
Wolfgang Gottlieb Mozart.

Mozart ist nicht mehr! In den Annalen der Musik wird sein Name unvergeßlich unter den ersten Tonkünstlern aller Zeiten und Nationen glänzen. Schon als Kind ein Wunder in seiner Kunst, hat er (ein noch seltener Fall) die Erwartungen, die er dadurch erweckt hatte, in seinen reifen Jahren noch übertroffen. Nie hat ein Genie das weite Gebiet seiner Kunst mehr umfaßt und beinahe in jeder Abtheilung desselben mit ausgezeichnetem Verdienste geglänzt, als Er. Von der Schöpfung einer Oper an, bis zur einfachen Sonate[1] ...

Trauerode,
dem Andenken Mozart's geweiht von der musikalischen Academie der Juristen den 7ten Febr. Prag 1794. (Nur ein Paar Stanzen sind in Niemtschek's Biographie eingerückt.)

Einem großen Todten bringt
heut die Wehmut ihre Thränen,

---

[1] Der Aufsatz schließt mit der Aufforderung zum Besuch eines am 28. December 1791 in Prag zum Besten der Wittwe und der Kinder Mozart's veranstalteten, aus Compositionen Mozart's bestehenden Concertes. Die Aufforderung ist unterschrieben: „Prag. Eine Gesellschaft von Freunden des Verstorbenen". Das Concert ist erwähnt in Franz Niemtschek's „Leben des K. K. Kapellmeisters Wolfgang Gottlieb Mozart". (Prag 1798) Seite 38.

die Bewund'rung heut ihr Sehnen
an des Dankes Brandaltar
hier zum Todtenopfer dar.
Diese feyerliche Stunde,
und ihr Schweigen, ernst und hehr,
klagen mit beredtem Munde:
Mozart ist nicht mehr.

Ach er ward uns früh entrückt,[1]

Camera obscura von Berlin.
10tes Stück.
Mozart's Todtenfeier.
(Auszug aus einem Briefe an einen Auswärtigen.)
(Berlin den 29. Febr.)

Der König hatte gestern der Wittwe des großen Künstlers Mozart ein Konzert im Opernhause bewilliget; sie führte einen Auszug aus der letzten Oper ihres Mannes, la Clemenza di Tito (die Güte des Titus), auf.[2]

---

[1] Die 2. bis 4. Strophe des Gedichtes stehen bei Niemtschek a. a. O. Seite 66 f. und in Nissen's „Biographie W. A. Mozart's" Seite 697 f. Am Schluß werden die ersten fünf Verse mit einer Aenderung des ersten Wortes („Diesem" statt „Einem") wiederholt.

[2] Der Artikel berichtet über das von der Wittwe Mozart's im Februar 1796 im Berliner Opernhause gegebene Concert und enthält in einer Randnote eine gedrängte Biographie Mozart's, bei der hauptsächlich die in Schlichtegroll's Nekrolog erschienene Lebensbeschreibung benutzt ist. Das Concert wird erwähnt bei Niemtschek a. a. O. S. 42, in O. Jahn's „W. A. Mozart", 2. Ausgabe II. 579, und anderwärts.

Wöchentliche gemeinnützige Anzeigen.

Man ist dem verehrungswürdigen Prager Publikum, welches den Namen Mozart zu ehren weiß, eine Erklärung schuldig, die durch die 2 letzten Opernavertissements nothwendig gemacht wurde. Der Knabe Mozart, der Sohn des unsterblichen Mannes, dessen himmlische Harmonien uns noch spät entzücken werden, ward auf Veranlassung Sr. Excellenz des Herrn Baron van Swieten, seines edlen Wohlthäters, im Vertrauen auf den Geist der böhmischen Nation, nach Prag zur Bildung und Erziehung gegeben.[1] Dieser 9jährige Knabe, voll Feuer und Lebhaftigkeit, sollte nach dem Wunsche einiger Freunde des mozartischen Namens in der Opera Axur in der Rolle des Opferknabens öffentlich auf der Bühne auftreten. Welch eine schädliche Wirkung dieß auf die Bildung des jungen Menschen gehabt hätte, das können nur jene ganz einsehen, deren Aufsicht und Sorge derselbe übergeben wurde. Die Kinder großer Männer gehören einigermaßen dem Publikum an; und die Erzieher des Knabens haben zu viel Hochachtung für dasselbe und zu viel Liebe für das Wohl des Knabens, als daß sie es hätten zulassen können. Da diese Gesinnungen zugleich diejenigen seines edlen Wohlthäters und seiner Mutter sind: so nahm man um so weniger Anstand, das Auftreten des Knabens zu verhindern. Hätte man in den Operanzeigen die Sache der Publizität nicht voreilig überliefert, so wäre diese Erklärung nicht nöthig gewesen; aber so könnte leicht der Unterrichtete nach dem letzten Opernzettel die Wittwe Mozart,

---

[1] Der ältere Sohn Mozart's, Carl Mozart, erzählt (Beilage zur „Bohemia" vom 7. Juni 1876): „ich kam nach Prag als noch nicht 8jähriger Knabe, anno salutis 1792, und blieb daselbst bis Ende 1797" u. s. w.

die voll Hochachtung und Dankgefühl fürs Prager Publikum
ist, eines Eigensinnes beschuldigen, wovon sie nichts weiß.

Allerliebstes Bäsle Häsle!

Ich habe das mir so werthe Schreiben richtig erhalten —
falten — und daraus ersehen — drehen —, daß der Herr
Vetter — Retter — die Frau Baas — Haas, und sie —
wie — recht wohl auf sind — hind; — wir sind auch [1]
. . . . doch hoffe ich, mit der Hülfe Gottes — Spottes
— es wird von keinen üblen Folgen seyn . . . . . . Herr
Vetter, gehen wir geschwind zum heil. Kreutz und schauen
wir . . . . . .

Der kunstreiche Hund.
Ein Gedicht.

O Musen! ich will Euch ein Dankopfer bringen,
Helft mir nur den Groß-Buzigannerl besingen,
Von dem man so Vieles und Schönes erzählt,
So daß seines gleichen ist nicht in der Welt.
Ich hab ihn, den Gott aller Hunde, gesehen
Und kann, ohne Furcht eine Sünde zu begehen,
Euch schwören, daß ich seines gleichen nie fand,
Und dieß sey gesagt allen Hunden zur Schand.
Nun werdet Ihr wohl vor Begierde fast brennen,
Den Phönix der Hunde genauer zu kennen,
Ihr sollt alles wissen; nur laßt mir auch Zeit.
Das Sprichwort sagt: Ja, nach und nach kommt man weit.
Drum bitt' ich recht sehr, meine Herren und Damen,
(Denn glaubt, selbst mein Herz ist schon vollends in Flammen,)

---

[1] Siehe O. Jahn a. a. O., 2. Ausg. II. 665.

Doch lagert Euch nur unterdessen ins Gras,
Ich nehm eine Prise und putz meine Nas'.

Und fang unsern Helden dann an zu besingen
So rührend, daß es Euch ans Herze wird bringen;
Nur bitt' ich, seyd stille und redet kein Wort,
Sonst bleib ich Euch stecken — und kann nimmer fort.

Nun dann, Buzigannerl, der König der Hunde,
Ist eine Frucht Wiens, doch ich weiß nicht die Stunde,
Noch Monath, noch Tag, als Zemir, die Mamma,
Zur Welt ihn gebracht; von dem gnädigen Papa
Ist uns nichts bewußt, weder Stand noch Name,
Nur daß er vom östreich'schen Adel herstamme.

Die Mutter Zemir hat das Tages=Licht erblickt
Dort, wo es Columben zum ersten geglückt,
Ein Land zu entdecken. Sie hatte an Jahren
Das sechzehnte kaum, ganz die Welt umfahren
Als ächte Vestalin, viel frischer als Eis
Und reiner als Schnee; denn ich mach Euch nichts weis,
. . . .
In diesem so unschuld'gen, glücklichen Stand
War es, daß sie eben im leichten Gewand
Am Ufer des Meeres ganz einsam spazierte,
In Grillen vertieft, mit sich selbst discurirte,
Als plötzlich ein Mann von sehr hübscher Gestalt
Und mittlerm Wuchs, nicht zu jung und nicht zu alt,
Ihr gen überstand. — Denkt Euch einmal den Schrecken! —
Sie zitterte — floh — und o Himmel! — blieb stecken
Im Koth — wollt sich helfen, — umsonst — denn sie fiel —
. . . .
Denn Leser, du brauchst Mädchenkenntniß nicht viel,
Um leichtlich zu schließen, daß sie, da sie fiel

Und in so sehr kritischer Lage sich wissen,
Sich wenigstens ohnmächtig anstellen müssen.
Als sie nun erwachte, sprang sie plötzlich auf
Und lies ganz dem Zorn und der Wuth vollen Lauf,
Sie nahm ihn beym Schopf — warf ihn nieder und ratschte,
Beohrfeigt' und maulschellte ihn, daß es klatschte.
Der arme Herr Ritter litt alles getrost,
Obwohl ihm nicht sonderlich schmeckte die Boßt;
Er dacht sich, sie wird sich doch endlich ermüden,
Es dauert ohnehin ja nichts ewig hienieden;
Und wie er dachte, so fügt' es sich's ietzt,
(Denn nur die Geduld hat ihn dies 'mal geschützt:)
Sie konnt' die Gelassenheit nimmer ertragen;
Mit liebvollem Bratzerl faßt sie ihn beim Kragen
Und küßt die noch brennenden Backen ohn' Maas
So daß er gar leicht all die Watschen vergas,
Womit die Schöne ihn so gnädig beehrte
Und, in der Geduld sich zu üben, ihn lehrte.
Er küßt ganz entzückt ihr dann Hand und Gesicht,
Läßt sie dann auf seinem Schoos sitzen und spricht:
O Schönste der Schönsten! — ich bitte, verzeihe
Mir doch das Verbrechen, denn sieh' ich bereue
Von Herzen die That, ach! die Schuld war nicht mein.

———

  Hier ruht ein lieber Narr,
 Ein Vogel Staar.
   Noch in den besten Jahren
  Mußt er erfahren
    Des Todes bittern Schmerz.
  Mir blut't das Herz,

Wenn ich daran gedenke.
O Leser! schenke
Auch du ein Thränchen ihm.
Er war nicht schlimm;
Nur war er etwas munter,
Doch auch mitunter
Ein lieber loser Schalk,
Und drum kein Dalk.
Ich wett', er ist schon oben,
Um mich zu loben
Für diesen Freundschaftsdienst
Ohne Gewinnst.
Denn wie er unvermuthet
Sich hat verblutet,
Dacht er nicht an den Mann,
Der so schön reimen kann.[1]

Den 4ten Juni 1787.

Mozart.

Von Mozart in das Gebetbuch seiner Braut.

Derjenige, welcher in diesem Büchel all die Bildchen umgewandt und auf jedes was darauf geschrieben hat, ist ein — — — — — — nicht wahr Constanz? —
Nur ein einziges hat er verschont, weil er gesehen, daß sie es doppelt hat — und er sich daher Hoffnung macht, dasselbe zum Andenken zu bekommen; wer schmeichelt sich dieses? — — — —

---

[1] Niemtschek berichtet a. a. O. Seite 59: „Dieß [daß Mozart Verse machte] war unter andern der Fall bei dem Tode eines geliebten Staares, dem er in seinem gemietheten Garten ein ordentliches Grabmal errichtet und mit einer Inschrift versehen hatte". Vgl. auch O. Jahn a. a. O., 2. Ausg., I. 749f.

Der Trazom — und von wem hofft er es zu erhalten?
Von der Znastnoc.

Seyn Sie nicht gar zu andächtig, gute Nacht.

London 1792.
Aus einem Brief von Joseph Haydn an Monsieur de Puchberg in Wien.

„ich war über seinen (Mozart's) Todt eine geraume Zeit
„ganz außer mir und konnte es nicht glauben, daß die Vor-
„sicht so schnell einen unersetzlichen Mann in die andere Welt
„fordern sollte, nur allein bedaure ich, daß Er nicht zuvor
„die noch dunklen Engländer darinn hat überzeugen können,
„wovon ich denselben täglich predigte „— — — — —

„Sie werden bester Freund die Güte haben, mir das Ver-
„zeichniß der noch nicht hier bekannten Stücke mit zu
„schicken, ich werde mir alle erdenkliche Mühe geben, solche
„der Wittwe zum Besten zu befördern; ich hatte der Armen
„vor 3 Wochen selbst geschrieben, mit dem Inhalt, daß
„wenn ihr Herzens-Sohn die gehörigen Jahre haben wird,
„ich denselben unentgeltlich die Composition mit allen mei-
„nen Kräften lehren will, um die Stelle des Vaters einiger-
„maßen zu ersetzen."

Wahrscheinlich an den jetzigen Kaiser Franz als Erzherzog, nach
K. Josephs Tode.

Ew. Königliche Hoheit.

Ich bin so kühn Ew. K. H. in aller Ehrfurcht zu bitten, [1] . .

---
[1] Siehe O. Jahn, 1. Ausg. III. 188, 2. Ausg. II. 593. Vgl.
ebenda I. 716.

Von Sr. Königl. Kais. zu Hungarn und Böheim Königl.
Apost. Maj. Erzherzog zu Oesterreich [1]) . . . . .

Der Magistrat der k. k. Haupt- und Residenzstadt Wien
will ihn Hrn. Wolfgang Amadeus Mozart [2] . . . . .

Baaden den 7. Juny 1791.
NB. Weil Du Wien geschrieben hast, muß ich
ja Baaden schreiben! —

Liebstes, bestes Weibchen! —
Mit unbeschreiblichem Vergnügen habe Dein letztes vom 6ten erhalten, und daraus ersehen, daß Du wohl und gesund bist — recht gescheut — daß Du aussetzest. O Gott! wie hätte es mich gefreut, wenn Du mit den Wildburgischen zu mir gekommen wärest! — ich hatte genug mit mir zu streiten, daß ich Dich nicht herein zu fahren hieße — allein ich scheuete die Unkosten. Aber auf diese Art wäre es charmant gewesen. Morgen früh 5 Uhr fahren wir 3 Wagen voll weg, — ich hoffe also zwischen 9 und 10 Uhr in Deinen Armen all das Vergnügen zu fühlen, was ein Mann, der seine Frau so liebt wie ich, nur immer fühlen kann! Nur Schade, daß ich weder das Klavier noch den Vogel mitnehmen kann! — deswegen würde ich lieber allein gegangen sein; nun kann ich mich aber nimmer mit guter Art losmachen.

Gestern speißte ich mit Süßmaiern bey der ungarischen Krone [3] zu Mittag weil ich noch um 1 Uhr in der Stadt zu thun hatte — S . . . früh speisen muß, und die S . . .

---

[1] Siehe O. Jahn, 1. Ausg. III. 185, 2. Ausg. II. 592.
[2] Siehe O. Jahn, 1. Ausg. III. 191, 2. Ausg. II. 594. Vgl. ebenda I. 716.
[3] Ein Gasthaus in der Himmelpfortgasse in Wien.

die mich gerne diese Tage einmal zu Mittage gehabt hätte, schon nach Schönbrunn engagirt war — heute weißt Du ohnehin, daß ich bey Schicaneder esse, weil Du auch darzu eingeladen warst.

Brief ist noch keiner von der Duschek da — werde aber heute noch nachfragen. — Von Deinem Kleide kann ich nichts wissen, weil ich die Wildburgischen die ganze Zeit nicht gesehen habe. — Den Hut werde ich, wenn es anders möglich ist, gewis mitbringen. — Adieu Schazerl — wie ich mich auf Morgen freue kann ich Dir nicht sagen!

Ewig Dein
Mozart.

Den 12ten Jul. 1789.

Liebster, bester Freund!
und Verehrungswürdiger O. B. (Ordensbruder).[1]

Gott! ich bin in einer Lage, die ich meinem ärgsten Feinde nicht wünsche; und wenn Sie bester Freund und Bruder mich verlassen, so bin ich unglücklicher und unschuldigerweise sammt meiner armen kranken Frau und Kind verlohren. — Schon letztens als ich bei Ihnen war wollte ich mein Herz ausleeren — allein ich hatte das Herz nicht! — und hätte es noch nicht — nur zitternd wage ich es schrifftlich — würde es auch schrifftlich nicht wagen — wenn ich nicht wüßte, daß Sie mich kennen, meine Umstände wissen und von meiner Unschuld, meine unglückseelige, höchsttraurige Laage betreffend, gänzlich überzeugt sind. O Gott! anstatt Danksagungen komme ich mit neuen Bitten! — anstatt Berichtigung mit neuem Begehren. Wenn Sie mein Herz ganz kennen, so müssen Sie meinen Schmerz hierüber

---

[1] Der Brief ist an Puchberg gerichtet.

ganz fühlen; daß ich durch diese unglückseelige Krankheit in
allem Verdienste gehemmt werde, brauche ich Ihnen wohl
nicht zu wiederholen; nur das muß ich Ihnen sagen, daß
ich ohngeachtet meiner elenden Laage, mich doch entschloß
bei mir Subscriptions-Academien zu geben, um doch wenig=
stens die dermalen so großen und häufigen Ausgaben be=
streiten zu können, denn von Ihrer freundschafftlichen Zu=
wartung war ich ganz überzeugt; aber auch dies gelinget
mir nicht; — mein Schicksal ist leider, aber nur in Wien,
mir so widrig, daß ich auch nichts verdienen kann, wenn
ich auch will; ich habe 14 Tage eine Liste herumgeschickt,
und da steht der einzige Name Swieten! — Da es ietzt
doch scheint, daß es mit meinem lieben (den 15ten) Weib=
chen von Tag zu Tage besser geht, so würde ich doch wieder
arbeiten können, wenn nicht dieser Schlag, dieser harte
Schlag dazu käme; — man tröstet uns wenigstens, daß es
besser gehe — obwohl sie mich gestern Abends wieder ganz
bestürzt und verzweifelnd machte, so sehr litte sie wieder
und ich — mit ihr (den 14ten) aber heute Nacht hat sie so
gut geschlafen und befindet sich den ganzen Morgen so leicht,
daß ich die beste Hoffnung habe; nun fange ich an wieder
zur Arbeit aufgelegt zu seyn — aber ich sehe mich wieder
auf einer andern Seite unglücklich — freylich nur für den
Augenblick! — Liebster, bester Freund und Bruder — Sie
kennen meine dermaligen Umstände, Sie wissen aber
auch meine Aussichten; bey diesem, was wir ge=
sprochen, bleibt es; so oder so, Sie verstehen mich; — un=
terdessen schreibe ich 6 leichte Klavier=Sonaten für die Prin=
zessin Friederika und 6 Quartetten für den König, welches
ich alles bey Kozeluch auf meine Unkosten stechen lasse;[1]

---

[1] Die Prinzessin Friederike war die älteste Tochter des Königs
Friedrich Wilhelm II. von Preußen. Von den für sie zu componi=

nebstbei tragen mir die 2 Dedicationen auch etwas ein; in
ein paar Monathen muß mein Schicksal in der gering-
sten Sache auch entschieden sein, folglich können Sie, bester
Freund, bey mir nichts riskiren; nun kömmt es blos auf
Sie an, einziger Freund, ob Sie mir noch 500 fl. leihen
wollen oder können? — ich bitte, bis meine Sache entschieden ist, Ihnen alle Monath 10 fl. zurückzuzahlen; dann
(welches längstens in einigen Monathen vorbey seyn muß)
Ihnen die ganze Summe mit beliebigen Interessen zurückzuzahlen, und mich anbey noch auf Lebenslang für Ihren
Schuldner erklären, welches ich auch leider ewig werde bleiben müssen, indem ich nie im Stande seyn werde, Ihnen
für Ihre Freundschafft und Liebe genug danken zu können; —
Gottlob; es ist geschehen; Sie wissen nun alles, nehmen Sie
nur mein Zutrauen zu Ihnen nicht übel und bedenken Sie,
daß ohne Ihre Unterstützung die Ehre, die Ruhe und vielleicht das Leben Ihres Freundes und Bruders zu Grunde
geht; ewig Ihr verbundenster Diener, wahrer Freund und
Bruder

W. A. Mozart.

Von Haus den 14ten Jul. 1789.

Ach Gott! — ich kann mich fast nicht entschließen, diesen
Brief abzuschicken! — und doch muß ich es! — Wäre mir
diese Krankheit nicht gekommen, so wäre ich nicht gezwungen, gegen meinen einzigen Freund so unverschämt zu seyn;
— und doch hoffe ich von Ihnen Verzeihung, da Sie das
gute und üble meiner Lage kennen. Das Ueble besteht

---

renden Sonaten scheint nur eine fertig geworden zu sein, nämlich
die in D-dur, ⅜-Takt (Köchel's Verz. Nr. 576). Sie erschien, ohne
Widmung, erst nach dem Tode Mozart's. Von den für den König
von Preußen zu schreibenden Quartetten sind drei fertig geworden
(Köchel's Verz. Nr. 575, 589, 590).

nur in diesem Augenblick, das Gute aber ist gewiß von
Dauer, wenn das augenblickliche Uebel gehoben wird. —
Adjeu! — Verzeihen Sie mir um Gotteswillen, verzeihen
Sie mir nur! — und — Adieu! — — — — — —

Sr. Königlichen Majestät von Preußen ꝛc. Machen Sich
ein wahres Vergnügen, durch die Gewährung des Wunsches
der Wittwe Mozart[1] . . . . . .

Die Wittwe des K. K. Kapellmeisters Mozart ist ent=
schlossen einige von ihrem Mann hinterlassene, in Dresden
öffentlich noch nicht gehörte Tonstücke aufzuführen. Dem
verehrungswürdigen Publikum macht sie daher bekannt, daß
sie künftige Woche den 25. May d. J. Abends um 6 Uhr
im großen Saale des Hotel de Pologne in dieser Absicht
eine musikalische Akademie geben wird, und daß Billets dazu
in dem Preise von 1 Thlr. im Hotel de Pologne und im
goldnen Engel zu bekommen sind.

Zu dem Concerte, welches am Sonntage den 28ten dieses
mit Sr. Königl. Majestät allerhöchsten Erlaubniß im Opern=
hause zum Benefiz der Madame Mozart gegeben wird, hört
das Eigenthum aller und jeder Logen auf, es sey denn, daß
mit derselben darüber ein Abkommen getroffen werde, welches
täglich zur angekündigten Zeit im Opernhause geschehen kann.
Im Entstehungsfall aber müssen die Schlüssel zu den Logen bei
dem Castellan des Opernhauses abgeliefert werden.
Berlin den 22ten Febr. 1796.
                                Königl. Opern=Direktion.

---

[1] Siehe Niemtschek S. 43, Nissen S. 615.

Daß der Verstorbene Herr Wolfgang Amadeus Mozart, k. k. Hof=Kompositor kein Mitglied der Mufikal. Wittwen= und Waifengefellfchaft war, und dahero seine hinterlaffene Wittwe aus besagtem Societaetsfonds weder dermalen eine Pension beziehe, noch in Zukunft anzuhoffen habe, wird hiemit bezeuget.

Pr. Mufikal. Wittwen= und Waifengefellfchaft.
Wien den 20ten Jan. 1792.
Joseph Scheidler
Societ. Secret.¹

An
Seine Majestät!

R.

Constantia Mozart, geborne Weber, hinterlaffene Wittwe des seel. Wolfgang Amadeus Mozart k. k. Kammer=Kompositor bittet ihn Ansehn ihrer äußerst mißlichen Lage um einen Gnadengehalt ²......

Antwort auf das Bittschreiben.

Der Bittstellerin wird auf Veranlaffung eines k. k. Obersthofmeisteramts ³......

Musik=Anzeige.

Madame Mozart, die nach der ehrenvollsten Aufnahme in Berlin, ietzt wieder durch Leipzig und nach Dresden reist,

---

¹ Vgl. C. F. Pohl's „Denkschrift aus Anlaß des hundertjährigen Bestehens der Tonkünstler=Societät" (Wien 1871) S. 18.
² Siehe O. Jahn, 2. Ausg. II. 595—596.
³ Siehe O. Jahn, 2. Ausg. II. 597.

wünscht die letzte Arbeit ihres seeligen Mannes, sein großes Requiem, sicher das fleißigste und meisterhafteste Werk dieses außerordentlichen Genies, allhier aufzuführen, und alle Musikfreunde, alle Verehrer Mozart's wünschen es mit ihr. Es ist zu dieser Aufführung der Concertsaal im Gewandhause gütigst erlaubt worden, und Madame Mozart schmeichelt sich, künftige Mittwoche, den 20. April, das Andenken ihres verewigten Mannes vor einem zahlreichen Auditorio aufs neue zu empfehlen. Das aufzuführende Stück dauert eine gute Stunde; nach dessen Beendigung wird Madame Mozart mit Gesange, und Herr Organist Müller mit einem Concert von ihrem Manne sich hören lassen. Der Anfang ist, wie gewöhnlich, um 5 Uhr. Billets zu 16 Gr. sind bei Madame Mozart im Hotel de Saxe und beim Bibliothekaufwärter Meyer zu haben, allwo man auch, sowie beim Eingange, gedruckte Texte zu 2 Gr. findet.

Kaisersheim den 23ten Decbr. 1778.

Ma très chère Cousine!

In größter Eil — und mit vollkommenster Reue und Leid und steifem Vorsatz schreibe ich Ihnen und giebe Ihnen die Nachricht, daß ich morgen schon nach München abreise. — Liebstes Bäsle — sey kein Häsle — ich wäre sehr gerne nach Augsburg, das versichere ich Sie, allein der Herr Reichsprälat hat mich nicht weggelassen, und [1] . . . . . .

Ma très chère Epouse! —

Diesen Augenblick erhalte Dein Schreiben, welches mir außerordentliches Vergnügen gemacht hat, — nun sehne ich

---
[1] Siehe O. Jahn, 1. Ausg. II. 507, 2. Ausg. II. 669.

mich schon wieder nach einem 2ten, um zu vernehmen wie Dir das Baad angeschlagen hat, — ich bedaure auch daß ich gestern nicht bei eurer schönen Musique war, aber nicht der Musique wegen, sondern weil ich dann so glücklich gewesen seyn würde, bei Dir zu seyn. Heute machte ich dem N. N. eine Ueberraschung — ich gieng zuerst zu den Rehberg'schen — und da schickte die Frau eine Tochter hinauf, ihm zu melden, daß ein alter guter Bekannter aus Rom da sey — er wäre schon alle Häuser durchlaufen, und hätte ihn nicht finden können! — er schickte zurück ich möchte nur ein wenig warten, unterdessen legte sich der arme Mann an, wie an einem Sonntag. Das schönste Kleid und prächtig frisirt — Du kannst Dir vorstellen, wie wir ihn dann auslachten, ich muß halt immer einen Narren haben — ist es N. N. nicht, so ist es N. N. und Snai. — Wo ich geschlafen habe? — zu Hause versteht sich — ich habe recht gut geschlafen, nur haben mir die Mäuse rechtschaffen Gesellschaft geleistet — ich habe ordentlich mit ihnen discurirt. — Vor 5 Uhr war ich schon auf — à propos ich rathe Dir nicht Morgen in das Amt zu gehen — die Bauernkerls sind mir zu grob — freylich hast Du einen groben Compagnon, aber die Bauern haben keinen Respect für ihn, perdent Respectum, weil sie ihms gleich ansehen, daß er ein Schaberl ist.

Dem Süßmayer werde ich mündlich antworten — mir ist leid ums Papier. —

Dem Krügel oder Klügel laß sagen, daß Du Dir ein besseres Essen ausbätest — kannst Du im vorbey gehen vielleicht selbst mit ihm reden, ist es noch besser — er ist sonst ein artiger Mensch und hat Hochachtung für mich. —

Morgen werde ich mit einer Kerze in der Hand in der Josephstadt mit der Procession gehen!

Vergieß meine Ermahnungen wegen Morgen- und Abend-
luft — wegen zu langem Baaden nicht — an Graf und
Gräfin Wagensperg meine Empfehlung — adjeu. — Ich
küsse Dich 2000mal in Gedanken und bin ewig
                               Dein
                                    Mozart.
  Wien den 25. Jun. 1791.
     P. S. Es würde doch gut seyn wenn Du dem Carl ein
Bischen Rhabarbera gäbest. — Warum hast Du mir denn
den großen Brief nicht geschickt? Hier ist ein Brief an ihn
— bitte mir eine Antwort aus — — — fang auf — fang
auf — — bis — bis — bs — bs — Busserln fliegen in
der Luft für Dich — bs — da trottelt noch eins nach — —
— Den Augenblick erhalte Dein zweytes — traue dem
Baade nicht! — schlafe auch mehr — nicht so unordentlich!
— sonst ist mir bange — ein bischen bange ist mir schon.
Adieu — —

           Liebstes bestes Weibchen! —[1]
     Gestern Donnerstags den 13ten ist Hofer mit mir hinaus
zum Carl — wir speißten draußen, dann fuhren wir herein
— um 6 Uhr holte ich Salieri und die Cavallieri mit dem
Wagen ab und führte sie in die Loge — dann gieng ich
geschwind die Mamma und den Carl abzuholen, welche
unterdessen bei Hofer gelassen habe. Du kannst nicht glauben, wie artig beide waren — und wie sehr ihnen nicht
nur meine Musik, sondern das Buch — und alles zusammen
gefiel. Sie sagten beide, dies sey ein Operone, würdig
bei der größten Festivität vor dem größten Monarchen aufzuführen — und sie würden sie gewis sehr oft sehen — denn

[1] Vgl. O. Jahn, 2. Ausg., II. 723.

sie hätten noch kein schöneres und angenehmeres Spectakel
gesehen.[1] — Er hörte und sah mit aller Aufmerksamkeit —
und von der Sinfonie bis zum letzten Chor war kein Stück,
welches ihm nicht ein Bravo — oder Bello ablockte — und
sie konnten fast nicht fertig werden, sich für diese Gefällig=
keit bei mir zu bedanken. Sie waren allezeit gesinnt gestern
in die Oper zu gehen. Sie hätten aber um 4 Uhr schon
hierin sitzen müssen — da sahen und hörten sie aber mit
Ruhe. — Nach dem Theater ließ ich sie nach Hause führen,
und ich soupirte mit Carln bei Hofer — dann fuhr ich mit
ihm nach Hause und wir beide schliefen herrlich. Dem Carl
habe ich keine geringe Freude gemacht, daß ich ihn in die
Oper abgeholt habe. Er sieht herrlich aus, für die Gesund=
heit könnte er keinen bessern Ort haben — aber das Uebrige
ist leider — Elend! einen guten Bauern mögen sie wohl der
Welt erziehen! aber — genug. Ich habe, weil Montag
erst die großen Studien (daß Gott erbarm) anfangen, den
Carl bis Sonntag nach Tische ausgebeten, — habe gesagt,
daß Du ihn gerne sehen möchtest. Morgen den Sonntag
komme ich mit ihm hinaus zu Dir, dann kannst Du ihn
behalten, oder ich führe ihn den Sonntag nach Tische wieder
zum Hecker; — überlege es, — wegen einem Monathe kann
er eben nicht verdorben werden, denke ich! — unterdessen
kann die Geschichte wegen den Piaristen zu Stande kommen,
woran wirklich gearbeitet wird, — übrigens ist er zwar
nicht schlechter, aber auch um kein Haar besser als er immer
war, er hat die nehmlichen Unförme[2], plappert gerne wie
sonst und lernt fast noch weniger gern, weil er nichts als —
Vormittags 5 und Nachmittags 5 Stunden im Garten herum
geht, wie er mir selbst gestanden hat, — mit einem Worte

[1] „Die Zauberflöte" war die aufgeführte Oper.
[2] Unförme (auch Unfürm), wienerisch statt Unarten.

die Kinder thun nichts — gar nichts als essen, trinken, schlafen und spazieren gehen.

Eben ist Leitgeb und Hofer bei mir; — ersterer bleibt bei mir beim Essen, ich habe meinen treuen Kammerdiener Primus eben um ein Essen ins Bürgerspital geschickt — mit dem Kerl bin ich recht zufrieden — ein einziges mal hat er mich angesetzt, daß ich gezwungen war bei Hofer zu schlafen, welches mich sehr seckirte, weil sie mir zu lange schlafen, ich bin am liebsten zu Hause, weil ich meine Ordnung schon gewohnt bin — dies einzige mal hat mich ordentlich übeln humors gemacht. — Gestern ist mit der Reise nach Bertelsdorf[1] der ganze Tag darauf gegangen, darum konnte ich Dir nicht schreiben, — aber daß Du mir 2 Tage nicht geschrieben, ist unverzeihlich. Heute hoffe aber gewis Nachricht von Dir zu erhalten und Morgen selbst mit Dir zu sprechen und Dich von Herzen zu küssen. Lebe wohl — Ewig Dein

              Mozart.

Den 14ten Octbr. 1791.

Die Sophie küsse ich 1000mal, und mit N. N. mach was Du willst. — Adjeu.

Liebstes, bestes Weibchen!

Du wirst mir schon verzeihen, daß Du ietzt immer nur einen Brief von mir bekömmst. Die Ursache ist: ich muß einen N. N. gefangen halten, darf ihn nicht echapiren lassen — alle Tage um 7 Uhr früh bin ich schon bei ihm.

Hoffe Du wirst mein gestriges Schreiben auch richtig erhalten haben — ich war nicht beym Ballon, denn ich kann mir es so einbilden, und glaubte auch uns wird diesmal

---

[1] Perchtholdsdorf, ein Ort unweit von Wien.

auch nichts draus werden — aber nun ist Jubel unter den
Wienern! — so sehr sie bisher geschimpft haben, so loben
sie nun. —

Etwas kann ich in Deinem Brief nicht lesen und etwas
verstehe ich nicht — es heißt „Nun wird mein . . . .
Mannerl gewis heut in der großen Com:. auch im Brader
seyn" 2c. 2c. — Das Beiwort vor Mannerl kann ich nicht
lesen — das Com: vermuthe ich wird Compagnie heißen,
— wen Du aber unter der großen Compagnie ver=
stehest, weiß ich nicht.

Dem Sauermayer[1] lasse ich sagen, daß ich nicht Zeit
hätte immer zu seinem Primus zu laufen — und so oft ich
hingekommen bin, war er nie zu Hause — gieb ihm nur
die 3 Florēn, damit er nicht weint —

Nun wünsche ich nichts als daß meine Sachen schon in
Ordnung wären, nur um wieder bey Dir zu seyn, Du kannst
nicht glauben wie mir die ganze Zeit her die Zeit lang um
Dich war! — ich kann Dir meine Empfindung nicht er=
klären, es ist eine gewisse Leere — die mir halt wehe thut,
— ein gewisses Sehnen, welches nie befriediget wird, folg=
lich nie aufhört — immer fortdauert, ja von Tag zu Tag
wächst; — wenn ich denke wie lustig und kindisch wir in
Baaden beysammen waren — und welch traurige, lang=
weilige Stunden ich hier verlebe — es freuet mich auch
meine Arbeit nicht, weil, gewohnt bisweilen auszusetzen und
mit Dir ein paar Worte zu sprechen, dieses Vergnügen nun
leider eine Unmöglichkeit ist — gehe ich ans Klavier und
singe etwas aus der Oper, so muß ich gleich aufhören —
es macht mir zu viel Empfindung — Basta! — wenn diese
Stunde meine Sache zu Ende ist, so bin ich schon die andere

---

[1] „Süßmayer." Anmerkung in der Vorlage.

Stunde nicht mehr hier. — Neues weiß ich Dir nicht zu schreiben. Die Illumination in Baaden war wohl ein Bißchen übereilt! — weil die wahre Nachricht eben das Gegentheil ist. Ich werde in der Hofapotheke fragen, vielleicht können sie mir die Latwerge doch verschaffen, — dann schicke ich sie Dir gleich; unterdessen (wenn es nöthig seyn sollte) würde ich Dir lieber zum We in st e in als zum L u f t ‑ w a s s e r rathen. — Adjeu liebstes Weibchen
 Wien den 7ten Jul. 1791.
       ewig Dein
        Mozart.

Liebstes, bestes Herzens=Weibchen!

Ich habe Deinen Brief mit dem von Montecucoli richtig erhalten und daraus mit Vergnügen gesehen, daß Du gesund und wohl bist, — hab mir's wohl eingebildet, Du wirst 2mal nach einander baden, kriegst schon Deine Schläge wenn ich wieder zu Dir komme! — ich danke für das überschickte Finale und Kleider, kann aber nicht begreifen, daß Du keinen Brief dazu geschrieben hast, — hab alle Säcke im Rock und Beinkleider durchsucht — vielleicht daß ihn die Briefträgerin noch im Sack herum trägt! mich freut nur daß Du Dich wohl befindest, liebes Weiberl — und verlaß mich darauf, daß Du meinem Rath folgen wirst — dann kann ich doch ein Bischen ruhiger seyn! — was meine Gesundheit anbelangt, befinde ich mich recht wohl — meine Geschäffte hoffe ich werden so viel wie möglich gut gehen — ganz ruhig kann ich noch nicht seyn, — bis es nicht zu Ende ist — doch hoffe ich es bald zu enden.

Ich hoffe N. N. wird nicht vergessen, das was ich ihm herausgelegt auch gleich zu schreiben — auch hoffe ich heute

die Stücke von meiner Partitur (so ich verlanget) zu erhalten
— aus N. N. lateinischem Briefe merke ich, daß ihr keinen
Wein trinkt — das ist mir nicht recht, rede mit dem Thürme-
Meister — er macht sich gewiß ein Vergnügen daraus, Dir
ihn auf meine Rechnung zu geben; er ist ein gesunder Wein
und nicht theuer. Das Wasser aber ist zu schlecht — Gestern
habe ich mit dem Obristlieutnant gespeist (bei Schickaneder)
der auch in Antoni Baad ist — Heute speise ich bei Puchberg — adjeu Schatzerl — liebe Stanzi Marini ich muß
eilends schließen — denn ich höre 1 Uhr schlagen — und Du
weißt daß man bey Puchberg früh ißt. — Adieu — ewig
Sonntag den 3ten Jul. 1791.
Dein Mozart.
Küsse vielmal den Carl — und peitsche den Tischnarren.

Ma très chère Epouse! —

Ich hoffe daß Dir mein Brief gleich bei seinem Absteigen
die Sabinde eingehändigt hat — und nachdem Du die Sabinde wirst gelesen haben, so wirst Du wohl zufrieden gewesen seyn, daß ich den Brief habe nach Baaden fahren
lassen. — Der Brief hat heute Nacht bei mir geschlafen,
und die Sabinde habe ich heute früh geschrieben — ß — ß
— a[1]. — Eine Menge Leute sind heute nach St. Stephan
gefoppt worden. — Die Schwingenschuh und Lisette sind in
aller Früh zu mir gekommen, denen hab' ich es selbst gesagt — dann habe ich die Lorl in die Kirche geschickt, um
es dem Jacquin und Schäfer gleich zu sagen. Diese sind
gleich zu mir gekommen. — Schickte auch gleich, weil er
Hofmann auf dem Chore gehen sah[2]. — Mittwoch werde

---

[1] Die Vorlage hat hier die Bemerkung: „sind lauter Späße, aber gezwungen".

[2] Hofmann war Kapellmeister an der Stephanskirche.

ich in Compagnie mit den Schwingenschuischen zu Dir fliegen, — heute Nacht schlafe ich bei Leitgeb — und ich glaube allzeit der Lorl habe ich das Consilium abeundi gegeben, — ich freue mich, bald etwas von Dir zu lesen. Adieu, Liebe — Ewig
     Dein Mann Mozart.

  Liebstes, bestes Weibchen! — [1]
 Deinen Brief vom 7ten sammt Quittung über die richtige Bezahlung habe richtig erhalten; nur hätte ich zu Deinem Besten gewünscht, daß Du einen Zeugen hättest mit unterschreiben lassen; — denn wenn N. N. nicht ehrlich seyn will, so kann er heute oder Morgen Dir noch in Betreff der Aechtheit und des Gerichtes einige Ungelegenheiten machen; — da blos Ohrfeige steht, so kann er Dir unvermuthet eine gerichtliche Forderung über eine derbe oder tüchtige oder gar aggir Ohrfeige überschicken — was willst Du dann machen? — da soll dann augenblicklich bezahlt werden, wenn man oft nicht kann! — Mein Rath wäre, Dich mit Deinem Gegner gütlich zu vergleichen, und ihm lieber ein p a a r d e r b e, 3 t ü c h t i g e und eine aggir Ohrfeige zu geben, auch mehrere noch (im Falle er nicht zufrieden seyn sollte), denn ich sage, mit Guten läßt sich alles richten; ein großmüthig und sanftmüthig Betragen hat schon öffters die ärgsten Feinde versöhnet, — und solltest Du dermalen nicht in der Lage seyn, die Bezahlung ganz zu übernehmen, so hast Du ja Bekanntschaft — ich zweifle gar nicht, daß wenn Du A. darum ersuchest, sie die baare Auszahlung, wenn nicht ganz, doch wenigstens zum Theil übernehmen wird. —

---

[1] Vgl. O. Jahn, 2. Ausg. II. 722.

Liebstes Weibchen! — ich hoffe Du wirst mein gestriges Schreiben richtig erhalten haben; nun kommt die Zeit, die glückliche Zeit unsers Wiedersehens immer näher! — Habe Gedult und muntere Dich so viel wie möglich auf. Du hast mich durch Dein gestriges Schreiben ganz niedergeschlagen, so daß ich fast wieder den Entschluß faßte, unverrichteter Sache hinaus zu fahren, und was hätten wir dann davon? — daß ich gleich wieder herein müßte? — oder daß ich anstatt vergnügt, in Aengsten leben müßte? — in ein paar Tagen muß nun die Geschichte ein Ende nehmen — B. hat es mir zu ernstlich und feyerlich versprochen — dann bin ich gleich bey Dir. Wenn Du aber willst, so schicke ich Dir das benöthigte Geld, Du zahlest alles und kömmst herein! — mir ist es gewis recht; — nur finde ich daß Baaden in dieser schönen Zeit noch sehr unangenehm [angenehm?] für Dich seyn kann und nützlich für Deine Gesundheit, die prächtigen Spatziergänge betreffend. — Dieses must Du am besten fühlen; — findest Du daß Dir die Luft und Motion gut anschlägt, so bleibe noch — ich komme dann Dich abzuholen, oder Dir zu gefallen auch noch etliche Tage zu bleiben — oder wie gesagt wenn Du willst, so kannst Du Morgen herein; schreibe es mir aufrichtig. — Nun lebe recht wohl, Stanzi Marini! — Ich küsse Dich millionenmal und bin ewig Dein

Mozart.

Wien den 8ten Jul. 1791.

P. S. Dem N. N. richte von mir folgendes aus: —

was sagt er dazu? — gefällts ihm? nicht sehr glaub' ich, es sind harte Ausdrücke! und schwer zu begreifen. —
— Adieu.

Liebstes Weibchen!

Ich bin glücklich um ¾ auf 8 Uhr hier angekommen, und als ich an meiner Thüre — das hat Hofer geschrieben, der eben da ist und sich Dir empfiehlt — pochte, so fand ich sie verschlossen, weil der Bediente nicht zu Hause war — Ich wartete vergebens gegen eine Viertelstunde, dann fuhr ich zu Hofer und stellte mir vor, ich sey zu Hause und kleidete mich dort ganz an. — Das Ariettchen, so ich für die Ferraresi gemacht habe,[1] glaub' ich soll gefallen, wenn anders sie fähig ist es naiv vorzutragen, woran ich aber sehr zweifle. Ihr hat es zwar sehr gefallen, ich habe dort gespeist — ich glaube Sonntag wird sicher Figaro seyn, ich werde Dir es aber schon noch eher berichten — wie freue ich mich wenn wir sie zusammen hören — jetzt gehe ich gleich zu sehen, ob vielleicht nicht eine Veränderung vorgefallen ist — würde sie bis Samstag nicht gegeben, so bin ich heute noch bey Dir — Adieu — Liebe! — gehe nie allein — ich erschrecke bey den Gedanken —
ewig Dein Dich liebender
Mozart.

Liebstes, bestes Weibchen!

Warum habe ich denn gestern Abends keinen Brief be-

---

[1] Bekanntlich schrieb Mozart im Sommer 1789 für die Ferraresi die Arie „Al desio". Vermuthlich ist aber hier die Ariette „Un moto di gioja" gemeint. Vgl. O. Jahn, 2. Ausg. II. 265 ff.

kommen? damit ich länger des Baades wegen in Aengsten leben muß? — dieses und noch etwas verdarb mir den ganzen gestrigen Tag; — ich war Vormittag bei N. N. und er versprach mir Parole d'honneur zwischen 12 und 1 Uhr zu mir zu kommen, um alles in Ordnung zu bringen. Ich konnte also deßwegen nicht bey Puchberg speisen, sondern mußte warten, — ich wartete — es schlug halb 3 Uhr; — er kam nicht, ich schrieb also ein Billet und schickte das Mensch zu seinem Vater, — ich gieng unterdessen zur ungarischen Krone, weil es überall zu spät war — sogar da mußte ich alleine essen, weil die Gäste alle schon fort waren — in den Aengsten, die ich Deinetwegen hatte und dem Unwillen des N. N. wegen, kannst Du Dir mein Mittagessen vorstellen, — hätte ich doch nur eine Seele gehabt zu einem kleinen Trost. — Für mich ist es gar nicht gut alleine zu seyn, wenn ich etwas im Kopf habe, — um halb 4 Uhr war ich schon wieder zu Hause — das Mensch war noch nicht zurück — ich wartete — wartete — um halb 7 Uhr kam sie mit einem Billet. — Warten ist gewiß allezeit unangenehm — aber noch viel unangenehmer wenn die Folge davon der Erwartung nicht entspricht — ich las lauter Entschuldigungen, daß er noch nichts bestimmtes hätte erfahren können, und lauter Betheuerungen, daß er mich gewiß nicht vergessen und ganz gewiß Wort halten würde, — ich gieng dann um mich aufzuheitern zum Kasperl in die neue Oper der Fagottist,[1] die so viel Lärm macht — aber gar nichts daran ist. — Im Vorbeigehen sah ich nach ob nicht Loibel[2] im Kaffeehause sey — aber auch nicht. — Zu Nacht esse ich (um nur nicht alleine zu seyn)

---

[1] Kaspar der Fagottist, Oper von Wenzel Müller, zum ersten Mal aufgeführt am 8. Juni 1791.

[2] Vielleicht Loibl, Freimaurer und Freund Mozart's.

wieder bey der Krone, — da hatte ich doch wenigstens Gelegenheit zu reden — gieng dann gleich zu Bette — um 5 Uhr früh war ich wieder auf — zog mich gleich an — gieng zu Montecuculi — diesen traf ich — dann zu N. N. der war aber schon ausgeflogen — mir ist nur leid daß ich **unverrichteter Sache** wegen Dir nicht heute früh schreiben konnte — ich hätte Dir gerne geschrieben! —
Nun gehe ich hinaus zu den Rehbergischen, zur großen **Freundschaftstafel** — hätte ich es nicht so feyerlich versprochen und wäre es nicht so äußerst unhöflich auszubleiben, so würde ich auch da nicht hinausgehen — doch was würde es mir auch nützen? — nun fahre ich auf Morgen weg von hier und zu Dir hinaus! — wenn nur meine Sachen in Ordnung wären! — wer wird nun anstatt meiner den N. N. stupfen? — wird er nicht gestupft, so wird er kalt — ich war nun alle Morgen bey ihm sonst würde er nicht einmal **das** gethan haben, — ich bitte Dich gehe heute nicht auf die Casino wenn auch die Schwingenschuh hinaus kommen sollte. — Spare es bis ich bey Dir bin. — Wenn ich nur schon Nachricht von Dir hätte! — nun ist es halb 11 Uhr und um 12 Uhr wird schon gespeist! — nun schlägt es 11 Uhr! — nun kann ich nicht mehr warten! — Adieu liebes Weibchen, liebe mich wie ich Dich, ich küsse Dich 2000mal in Gedanken.

Sonntag.   Ewig Dein
                                    Mozart.

Mannheim den 23. Octbr. 1790.

Liebstes, bestes Herzens=Weibchen! —
Morgen gehen wir nach Schwetzingen um den Garten zu sehen — Abends ist hier zum erstenmal Figaro — dann

übermorgen fahren wir fort. Eben Figaro ist Ursache warum ich noch hier bin — denn das ganze Personale beschwor mich noch so lange hier zu bleiben und ihnen bey der Probe beyzustehen, eben das ist auch die Ursache warum ich Dir nicht so viel schreiben kann als ich schriebe, weil es eben Zeit zur Hauptprobe ist — Ja, wenigstens der erste Act schon vorbey sein wird — ich hoffe daß Du mein Schreiben vom 17ten aus Maintz richtig wirst erhalten haben — ich habe den Tag vor meiner Abreise beym Churfürsten gespielt, aber magere 15 Carolin erhalten — incaminire Du nur daß das geschieht mit H.[1] — Nun hoffe ich Dich in 14 Tagen ganz gewis zu umarmen, in 6 oder 7 Tagen also nach Erhaltung dieses Briefes — doch wirst Du noch von Augsburg, München und Linz Briefe von mir erhalten, — Du kannst mir aber nun nicht mehr schreiben, doch wenn Du gleich nach Empfang schreibst, so kann ich ihn noch in Linz erhalten. Probiere es. — Nun lebe wohl, liebstes Weibchen! ich küsse Dich 1000mal und bin
    ewig und unveränderlich
      Dein getreuer Gatte
        Mozart.

         Prag den 31. May 1789.
Liebstes, bestes Weibchen! —

Den Augenblick komme ich an. — Ich hoffe Du wirst meinen letzten Brief vom 23ten erhalten haben. Es bleibt also dabey; — ich treffe Donnerstag den 4ten Juny zwischen 11 und

---

[1] Ohne Zweifel Hoffmeister, der Verleger, mit dem Mozart zu jener Zeit in Unterhandlung stand. Vgl. die Briefe vom 29. und 30. September 1790 in O. Jahn's „Mozart", 2. Ausg. II. 719 f. und den später hier (S. 42) mitzutheilenden Brief vom 8. October 1790.

12 Uhr richtig auf der letzten oder erſten Poſt-Station ein, wo
ich euch anzutreffen hoffe. Vergiß nicht Jemand mit zu
nehmen, welcher dann anſtatt meiner auf die Mauth fährt.
Adjeu. Gott wie freue ich mich Dich wieder zu ſehen; —
in Eyle.   Mozart[1].

Liebſtes, beſtes Weibchen!

Sey nicht melancholiſch, ich bitte Dich! — ich hoffe
Du wirſt das Geld erhalten haben — für Deinen Fuß iſt
es doch beſſer und biſt noch im Baade, weil Du da beſſer
ausgehen kannſt — ich hoffe Dich Samstag umarmen zu
können, vielleicht eher, ſobald mein Geſchäft zu Ende iſt,
ſo bin ich bey Dir — denn ich habe mir vorgenommen, in
Deiner Umarmung auszuruhen; — ich werd' es auch brauchen — denn die innerliche Sorge, Bekümmerniß und das
damit verbundene Laufen mattet einen doch nicht wenig ab.
Das letzte Paquet habe auch richtig erhalten und danke
Dir dafür! — Ich bin ſo froh, daß Du nicht mehr badeſt,
daß ich es Dir nicht ſagen kann — mit einem Wort mir
fehlt nichts als — Deine Gegenwart — ich meine ich kann
es nicht erwarten; ich könnte herzlich Dich nun ganz herein
laſſen, wenn meine Sache
zu Ende iſt — allein — ich
wünſchte doch noch ein paar
ſchöne Tage bei Dir in Baaden zu verleben — N. N.
iſt eben bey mir und ſagt ich
ſoll es mit Dir ſo machen — er hat einen gusto auf Dich,
und glaubt feſt, Du müßteſt es ſpühren.

---

[1] Obige Wiedergabe des Briefes iſt mit dem in der Hofbibliothek
zu Wien befindlichen Autograph verglichen. Vgl. auch O. Jahn, 2.
Ausg. II. 718.

Was macht denn mein zweyter Narr? — mir thut unter den 2 Narren die Wahl wehe! — als ich gestern Abends zur Krone kam, so fand ich den englischen Lord ganz abgemattet da liegen, weil er noch immer auf den Snai wartet — heute, als ich zum Wetzlar gieng, sah ich ein paar Ochsen an einen Wagen angespannt, und als sie zu ziehen anfiengen, machten es die Ochsen mit dem Kopf accurat so, wie unser närrischer N N — Snai! —

Wenn Du was brauchest Schatzerl, so schreibe es mir aufrichtig und ich werde gewis mit wahrem Vergnügen in allem zu contentiren suchen meine Stanzi Marini —

Wien den 5ten Jul. 1791.

ewig Dein

Mozart.

Der Carl soll sich gut aufführen, so werd ich vielleicht seinen Brief beantworten.

Adjeu.

Liebstes, bestes Weibchen! —

Hier sind 25 fl. — mache im Baade Deine Richtigkeit — wenn ich dann komme machen wir sie im Ganzen — N. N. soll mir doch Nr. 4 und 5 von meiner Schrift schicken — auch was ich sonst begehrt habe und soll mich . . . . — ich muß zum Wetzlar eilen, sonst treffe ich ihn nicht mehr an. — Adjeu — ich küsse Dich 2000mal und bin ewig

Dein

Mozart.

Wien den 5ten Jul. 1791.

P. S. Hast Du nicht gelacht wie Du 3 fl. erhalten hast? — ich dachte mir aber es ist doch besser als nichts! — unterhalte Dich gut Schatzerl und sey ewig meine Stanzi M.

Berlin den 19ten May 1789.

Liebstes, bestes Herzens=Weibchen! —
Nun hoffe ich wirst Du ja gewis Briefe von mir haben, denn alle werden wohl nicht verlohren gegangen seyn; — Ich kann Dir diesmal nicht viel schreiben, weil ich visiten machen muß; ich schreibe Dir blos um Dir meine Ankunft zu melden; — bis den 25ten werde vielleicht schon abreisen können, wenigstens werde alles mögliche thun, ich werde Dir aber bis dahin schon zuverläßliche Nachricht geben; bis 27ten gehe ich aber ganz sicher ab, ich bin so froh wenn ich einmal wieder bey Dir bin, meine Liebe! — Das erste aber ist, daß ich Dich beym Schopf nehme (kriegen werde[1]); wie kannst Du denn glauben, ja nur vermuthen, daß ich Dich vergessen hätte? — wie würde mir das möglich seyn? — für diese Vermuthung sollst Du gleich die erste Nacht einen derben Schilling . . . . . haben, zähle nur darauf. Adjeu —

ewig Dein
Einziger Freund und Dich von
Herzen liebender Mann
W. A. Mozart.

Ma très chère Epouse! —
N. N. ist den Augenblick nach Baaden; — ietzt ist es 9 Uhr Abends und seit 3 Uhr bin ich bey ihm — Nun glaube wird er Wort halten, er versprach mir Dich zu besuchen, ich bitte Dich ihm auch recht zuzusetzen! — ich bitte Dich aber ja nicht auf die Casino zu gehen; 1mo ist diese

---

[1] In der Vorlage eingefügte Wörter.

Compagnie — Du verstehst mich wohl — und 2do tanzen könntest Du ohnedies nicht, und zuschauen? — das läßt besser wenn's Mannerl dabey ist. — Ich muß schließen, weil ich noch zu Montecuculi muß — ich habe Dir nur dieses in Eile berichten wollen — der rechte Brief kömmt Morgen. Adjeu — thue was ich Dir geschrieben habe vermöge des Baades und liebe mich so wie ich Dich liebe und ewig lieben werde. —
 Ewig Dein
 Mozart.

Grüsse mir Deine Hofnarren! —

Liebstes Weibchen! —

Kurz muß ich seyn — es ist halb 2 Uhr, ich hab noch nicht gegessen — ich wollte ich könnte Dir mehr schicken. Hier sind einstweilen 3 Gulden,[1] Morgen Mittag bekommst Du schon mehr, — sey lustig, aufgeräumt — es wird noch alles gut gehen — ich küsse Dich 1000mal — ich bin zu matt vor Hunger — adjeu — —
 ewig Dein
 Mozart.
ich habe bis ietzt gewartet, weil ich hoffte Dir mehr Geld schicken zu können! —

Liebstes Weibchen! —

Den Augenblick komme ich an; ich war schon bey Puchberg und Montecuculi — letzterer war nicht zu Hause, — gehe heute noch um 1/2 10 Uhr zu ihm — nun suche N. N. auf — Du wirst ietzt einen Brief an mich von Montecuculi in Händen haben. — Da ich vermuthe daß ich bei Dir über

---

[1] Vgl. den Brief vom 5. Juli 1791 (Seite 32).

Sonntag in Wien werde bleiben müssen, so bitte Dich mir
die 2 Sommerkleider das weiße und braune mit den Hosen
zu schicken — ich bitte Dich bade nur alle andere Tage und
nur eine Stunde — wenn Du aber willst daß ich ganz
ruhig seyn soll, so bade gar nicht, bis ich nicht wieder
bey Dir bin — adjeu — ich küsse Dich 1000mal und
bin ewig Dein
Mozart.

NB. Grüße mir den Snai — ich laß ihn fragen wie's
ihm geht? — wie einem Ochsen halt, er soll fleißig schrei=
ben daß ich meine Sachen bekomme — adjeu.

Beym Primus bey dem braven Mann petschiere
ich diesen Brief.

Liebstes, bestes Weibchen!

Ich schreibe Dir iezt nur wenig und in Eile, weil ich
dem Leitgeb eine Ueberraschung mache und zum Frühstück
hinausgehe — nun ist es halb 6 Uhr — Nach Tisch werde
Dir mehr schreiben. Hoffe auch bis dahin etwas von Dir
zu lesen. — adjeu — ich habe Dir nur einen guten Mor=
gen sagen wollen, — gieb acht auf Dich — besonders mit
dem Baaden — fühlst Du Dich nur ein Bischen schwach,
so höre gleich auf — adjeu — 2000 Küsse —
Mozart.

Dem Snai . . . . . Complimente — und er soll dem
N. N. brav Verdruß machen.

Allerliebstes Weibchen! —

Mit Vergnügen erhielt ich Dein liebes Schreiben —
hoffe daß Du gestern mein 2tes sammt Decoctum, Latwerge

und Ameiseyer wirst erhalten haben. — Morgen früh 5 Uhr segle ich ab — wenn es nicht wäre blos um das Vergnügen zu haben, Dich wieder zu sehen und wieder zu umarmen, so würde ich noch nicht hinausfahren, weil man iezt bald Figaro geben wird, wozu ich einige Abänderungen zu machen habe[1] und folglich bei den Proben nothwendig bin — ich werde wohl auf den 19ten wieder herein müssen — aber bis 19ten hier zu bleiben ohne Dich, das wäre mir unmöglich; — liebes Weibchen! — ich will ganz aufrichtig mit Dir sprechen, — Du hast gar keine Ursache traurig zu seyn — Du hast einen Mann der Dich liebt, der Dir alles, was er nur im Stande ist, thut — was Deinen Fuß anbelangt, brauchst Du nur Geduld zu haben, es wird gewis ganz gut gehen; — mich freut es ja, wenn Du lustig bist — gewis — nur wünschte ich daß Du Dich bisweilen nicht so gemein machen möchtest — mit N. N. machst Du mir zu freye . . . .[2] eben so mit N. N. als er noch in Baaden war, — bedenke nur daß N. N. mit keinem Frauenzimmer, die sie vielleicht besser kennen als Dich, so grob sind, als mit Dir, selbst N. N. der sonst ein artiger Mensch ist und besonders für Frauenzimmer hochachtungsvoll ist, selbst er muß dadurch verleitet worden seyn, in seinem Briefe die abscheulichsten und gröbsten Sottisen zu schreiben — ein Frauenzimmer muß sich immer in Respekt erhalten — sonst kömmt sie in das Gerede der Leute — meine Liebe! — verzeihe mir daß ich so aufrichtig bin, alleine meine Ruhe erheischt es sowohl als unsre beiderseitige Glückseeligkeit — erinnere Dich nur daß Du mir einmal selbst eingestanden hast, daß Du zu nachgebend seyst — Du kennst die Folgen davon

---

[1] Im Juli 1789 wurde Figaro mit einigen Aenderungen auf die Bühne gebracht. Vgl. O. Jahn, 2. Ausg. II. 265.

[2] Hier scheint wegen Unleserlichkeit ein Wort weggelassen zu sein.

— erinnere Dich auch des Versprechens welches Du mir thatst — O Gott! — versuche es nur, meine Liebe! — sey lustig und vergnügt und gefällig mit mir — quäle Dich und mich nicht mit unnöthiger Eifersucht — habe Vertrauen in meine Liebe, Du hast ja doch Beweise davon! — und Du wirst sehen wie vergnügt wir seyn werden, glaube sicher, nur das kluge Betragen einer Frau kann dem Mann Fesseln anlegen — adjeu — Morgen küsse ich Dich von Herzen.

Mozart.

Liebstes, bestes Herzens-Weibchen![1]

Diesen Augenblick kommen wir an — dies ist um 1 Uhr Mittag — Wir haben also nur 6 Tage gebraucht — wir hätten die Reise noch geschwinder machen können, wenn wir nicht 3mal Nachts ein Bischen ausgeruhet hätten. Wir sind unterdessen in der Vorstadt Sachsenhausen in einem Gasthofe abgestiegen, zu Tod froh daß wir ein Zimmer erwischt haben. — Nur wissen wir unsere Bestimmung noch nicht — ob wir beisammen bleiben — oder getrennt werden — bekomme ich kein Zimmer irgendwo umsonst und finde ich den Gasthof nicht zu theuer, so bleibe ich gewis. Ich hoffe Du wirst mein Schreiben aus Phörting [Efferding?] richtig erhalten haben, ich konnte Dir unterwegs nicht mehr schreiben, weil wir uns nur selten und nur so lange aufhielten, um ein wenig der Ruhe zu pflegen — Die Reise war sehr angenehm — wir hatten bis auf einen einzigen Tag immer das schönste Wetter; — und dieser einzige Tag verursachte uns keine Unbequemlichkeit, weil mein Wagen (ich möchte ihm ein Schmäzerl geben) herrlich

---

[1] Vgl. O. Jahn, 1. Ausg. III. 484, 2. Ausg. II. 718.

ist. — In Regensburg speisten wir prächtig zu Mittage, hatten eine göttliche Tafel-Musik, eine englische Bewirthung und einen herrlichen Mosler Wein — zu Nürnberg haben wir gefrühstücket — eine häßliche Stadt — zu Würzburg haben wir auch unsere theuern Mägen mit Koffee gestärkt, eine schöne prächtige Stadt — die Zährung war überall sehr leidentlich — Nur 2 und $1/2$ Poststation von hier zu Aschaffenburg beliebte uns der Herr Wirth erbärmlich zu schnieren.

Ich warte mit Sehnsucht auf Nachricht von Dir — von Deiner Gesundheit, von unsern Umständen 2c. — Nun bin ich fest entschlossen meine Sachen hier so gut als möglich zu machen, und freue mich dann herzlich wieder zu Dir — welch herrliches Leben wollen wir führen! — ich will arbeiten — so arbeiten — nur damit ich durch **unvermuthete Zufälle** nicht wieder in so eine fatale Lage komme, — mir wäre lieb wenn Du über alles dieses durch den Stadler den N. N. zu Dir kommen ließest. — Sein letzter Antrag, daß Jemand das Geld auf den Hofmeister seinen Giro allein hergeben will — 1000 fl. baar — und das übrige an T u c h ; — somit könnte alles und noch mit Ueberschuß bezahlt werden, und ich dürfte bey meiner Rückkunft nichts als **arbeiten**. — Durch eine Carta bianca von mir könnte durch einen Freund die ganze Sache abgethan seyn — adjeu ich küsse Dich 1000mal —

Frankfurt am Main   ewig Dein   Mozart.
den 28ten Septbr.
1790.

um 7 Uhr früh.
Dresden den 13ten April 1789.

Liebstes, bestes Weibchen! —[1]
Wir glaubten Samstags nach Tisch in Dresden zu seyn, kamen aber erst gestern Sonntags um 6 Uhr Abends an; — so schlecht sind die Wege. — Ich gieng gestern noch zu Neumanns, wo Mad. von Duschek wohnt, um ihr den Brief von ihrem Manne zu übergeben — es ist im 3ten Stock auf dem Gange und man sieht vom Zimmer Jeden der kömmt; — als ich an die Thüre kam, war schon Herr Neumann da und fragte mich, mit wem er die Ehre hätte zu sprechen; ich antwortete: gleich werde ich sagen wer ich bin, nur haben Sie die Güte Mad. Duschek heraus rufen zu lassen, damit mein Spas nicht verdorben wird, in diesem Augenblick stund aber schon Mad. Duschek vor mir, denn sie erkannte mich vom Fenster aus und sagte gleich, da kommt Jemand der aussieht wie Mozart. Nun war alles voller Freude; — die Gesellschaft war groß und bestund meistens aus lauter häßlichen Frauenzimmern, aber sie ersetzten den Mangel der Schönheit durch Artigkeit. — Heute geht der Fürst[2] und ich zum Frühstücke hin, dann zu Naumann, dann in die Capelle. —

Wir werden morgen oder übermorgen von hier nach Leipzig abgehen. — Nach Empfang dieses Briefes mußt Du schon nach Berlin post restanta schreiben. Ich hoffe Du wirst mein Schreiben von Prag richtig erhalten haben. Neumanns lassen sich alle Dir sammt Duscheks empfehlen, wie auch der Herr [dem Herrn?] und Frau Schwägerin Langens.

---

[1] Vgl. O. Jahn, 1. Ausg. III. 477, 2. Ausg. II. 713.
[2] Fürst Lichnowsky.

Liebes Weibchen, hätte ich doch auch schon einen Brief von Dir! — wenn ich Dir alles erzählen wollte, was ich mit Deinem lieben Portrait anfange, würdest Du wohl recht lachen — zum Beyspiel: — wenn ich es aus seinem Arrest heraus nehme, so sage ich: „Grüß Dich Gott Stanzerl! — grüß Dich Gott, grüß Dich Gott — Spitzbub — Knaller=baller — Spitzignas — Bagatellerl — Schluck und Druck!" — und wenn ich es wieder hinein thue, so lasse ich es so nach und nach hinein rutschen und sage immer Stu! — Stu! — Stu! — aber mit dem gewissen Nachdruck, den dieses so viel bedeutende Wort erfordert, und bei dem letzten schneller: gute Nacht Mäuserl, schlaf gesund. — Nun glaube ich so ziemlich was dummes (für die Welt wenigstens) hin=geschrieben zu haben — für uns aber, die wir uns so innig lieben, ist es gewis nichts dummes; — heute ist der 6te Tag daß ich von Dir weg bin und bei Gott mir scheint es schon ein Jahr zu seyn! — Du wirst oft wohl Mühe ha=ben meinen Brief zu lesen, weil ich in Eile und folglich etwas schlecht schreibe; — adjeu Liebe, Einzige! — Der Wagen ist da — da heißt es nicht bravo und der Wagen ist auch schon da — sondern male. — Lebe wohl und liebe mich ewig so wie ich Dich, ich küsse Dich Millionen mal auf das zärtlichste und bin ewig

Dein Dich zärtlich liebender Gatte
Mozart.

P. S. Wie führt sich unser Carl auf? — Ich hoffe gut; — küsse ihn statt meiner. An Hrn. und Frau von Puchberg alles Schöne.

NB. Du must in Deinen Briefen nicht das Maaß nach den meinigen nehmen, bei mir fallen sie nur deswegen etwas kurz aus weil ich pressirt bin; sonst würde ich einen ganzen Bogen überschreiben — Du hast aber mehr Muße — adjeu.

Herzallerliebstes Weibchen![1]

Wenn ich nur schon einen Brief von Dir hätte, dann wäre mir alles recht. — Ich hoffe Du wirst mein Schreiben aus Pferding [Efferding?] und das aus Frankfurt erhalten haben. — Ich habe Dir in meinem letzten geschrieben, Du sollst mit dem N. N. sprechen; — mir wäre, Sicherheit halber, recht lieb, wenn ich auf des H . . .[2] seinen Giro 2000 fl. bekommen könnte; — Du must aber eine andere Ursache vorwenden, nehmlich daß ich eine Speculation im Kopfe hätte, die Dir unbewußt wäre. — Meine Liebe, ich werde zweifelsohne gewis etwas hier machen, so groß aber wie Du und verschiedene Freunde es sich vorstellen wird es sicherlich nicht seyn — bekannt und angesehen bin ich hier genug, das ist gewis. — Nun — wir wollen sehen, — ich liebe aber in jedem Falle das Sichere zu spielen, darum möchte ich gerne das Geschäft mit H . . . machen, weil ich dadurch Geld bekomme und keines zahlen darf, sondern blos arbeiten, und das will ich ja meinem Weibchen zu Liebe gerne thun. — Wenn Du mir schreibst, so schreib nur immer Poste restante. — Wo glaubst Du daß ich wohne, — bey B . . . im nehmlichen Hause; Hofer auch — wir zahlen 30 Gulden des Monaths, und das ist noch außerordentlich wenig — wir gehen auch zu ihnen in die Kost. Wen glaubst Du daß ich hier angetroffen? — das Mädchen welche so oft mit uns im Auge-Gottes Verstecken gespielt hat — Büchner, glaub ich hieß sie — sie heist nun Mad. von Porsch und ist zum 2ten mal verheyrathet. — Sie hat mir auf-

---

[1] Vgl. O. Jahn, 1. Ausg. III. 485, 2. Ausg. II. 719. Das Postscriptum jedoch, das Jahn hat, steht in unserer Vorlage später und einzeln.

[2] Hoffmeister.

getragen alles Schöne von ihr an Dich zu schreiben. — Da ich nicht weiß ob Du in Wien oder in Baaden bist so adressire ich diesen Brief wieder an die Hofer — ich freue mich wie ein Kind wieder zu Dir zurück — wenn die Leute in mein Herz sehen könnten, so müßte ich mich fast schämen — es ist alles kalt für mich — eiskalt; — ja wenn Du bey mir wärest, da würde ich vielleicht an dem artigen Betragen der Leute gegen mich mehr Vergnügen finden — so ist es aber so leer — adjeu — Liebe — ich bin ewig

Dein Dich von ganzer Seele liebender
Mozart.

Frankfurt am Main
den 30ten Septbr.
1790.

Liebstes, bestes Weibchen!

Ich habe von Dir meine Liebe nun 3 Briefe, — den vom 28ten Septbr. erhalte diesen Augenblick — den durch Herrn von Alt habe noch nicht erhalten, werde aber deswegen gleich mich bey le . . . .[1] anfragen. — Du mußt nun auch 4 Briefe in Händen haben — dies ist der 5te. — Nun kannst Du mir nicht mehr schreiben, denn ich werde vermuthlich da Du dieses liest nicht mehr hier seyn, indem ich Mittwoch oder Donnerstag meine Academie zu geben denke und dann Freytag gleich — tschiri tschi tschi — das beste ist zu fliehen — liebstes Weibchen! ich hoffe Du wirst Dich in Betreff was ich Dir geschrieben bekümmert haben — — und noch bekümmern, — so viel mache ich hier gewis nicht, daß ich im Stande seyn sollte gleich bei meiner Rückkunft 100 oder 1000 fl. zu zahlen — wenn die Sache mit Hofmeister aber wenigstens so im Gange ist, daß nur meine

---

[1] Hier fehlt ein Wort in der Vorlage.

Gegenwart fehlt, so bekomme ich doch gleich (die Interessen gros à 20 pr. cento gerechnet) von 2000 — 1600 fl. in die Händ. — Da kann ich dann 1000 fl. weg zahlen — bleiben mir noch 600 fl. — im Advent fange ich ohnehin an kleine Quartett-Subscriptions-Musiken zu geben, Scholaren nehme ich auch — die Summe darf ich nie zahlen, weil ich für H[1] . . . schreibe, folglich geht alles in der Ordnung — ich bitte Dich nur, mache mir das Geschäft mit H . . . wenn Du anderst willst daß ich zurück kommen soll — wenn Du mir nur in mein Herz sehen könntest — da kämpft der Wunsch, die Sehnsucht Dich wieder zu sehen und zu umarmen mit dem Wunsche viel Geld nach Hause zu bringen — da hatt' ich schon oft den Gedanken noch weiter zu reisen — wenn ich mich dann so zwang diesen Entschluß zu faßen, so fiel mir dann wieder ein, wie es mich reuen würde, wenn ich mich so auf ungewis, vielleicht gar fruchtlos so lange von meiner lieben Gattin getrennt hätte, — mir ist so als wenn ich schon Jahre lang von Dir wäre — glaube mir, meine Liebe — wenn Du bey mir wärest, so würde ich mich vielleicht leichter dazu entschließen können — allein — ich bin Dich zu sehr gewöhnt — und liebe Dich zu sehr, als daß ich lange von Dir getrennt seyn könnte — und dann — es ist alles Prahlerey was man von den Reichsstädten macht — berühmt, bewundert und beliebt bin ich hier gewis; übrigens sind die Leute aber hier noch mehr Pfennig-Suchser als in Wien — Wenn die Academie ein Bischen gut ausfällt, so habe ich es meinem Namen — der Gräfin Herzfeld und dem Schweitzerischen Hause, welche sich sehr für mich interessiren, zu danken — übrigens bin ich froh wenn es

---

[1] Hoffmeister.

vorbey ist, — wenn ich in Wien fleißig arbeite und Scho=
laren nehme, so können wir recht vergnügt leben; und nichts
kann mich von diesem Plane abbringen als ein **gutes
Engagement** irgend an einem Hofe, suche nur mit **Ri=
bifeln=Gesicht**[1] oder wo anderst die Affaire mit Hof=
meister in Richtigkeit zu bringen und meinen Vorsatz Scho=
laren zu nehmen **bekannter zu machen**, dann wird es
uns sicher nicht fehlen. Adjeu meine Liebe. — Von mir
bekömmst Du schon noch Briefe, aber ich kann leider keinen
mehr bekommen. —   Liebe ewig Deinen
    Morgen ist die Krönung.[2]   Mozart.
    Sorge für Deine Gesundheit — und
    nimm Dich im Gehen in acht.

                Frankfurt am Main den 3ten October 1790.
                            Sonntag.

Liebstes, bestes Herzens=Weibchen! —
    Nun bin ich getröstet und vergnügt. Erstens weil ich
Nachricht von Dir meine Liebe erhalten, wornach ich mich
so sehnte; zweitens durch die beruhigende Auskunft in Be=
treff meiner Affairen — ich habe mir so fest vorgenommen,
gleich das Adagio für den Uhrmacher zu schreiben,[3] dann
meinem lieben Weibchen etwelche Ducaten in die Hände zu
spielen; that es auch — war aber, weil es eine mir sehr

---

    [1] „Ribifel heißen in Wien die Johannesbeeren". (Bemerkung
in der Vorlage.)
    [2] Die Krönung fand in Frankfurt am 9. October 1790 Statt.
Daraus ergiebt sich das Datum des Briefes.
    [3] Ohne Zweifel das in Mozart's eigenem thematischen Verzeich=
niß Ende 1790 unter der Bezeichnung „Ein Stück für ein Orgel=
werk in einer Uhr" eingetragene Stück. (Köchel's Verz. Nr. 594.)

verhaßte Arbeit ist, so unglücklich, es nicht zu Ende bringen zu können — ich schreibe alle Tage daran — muß aber immer aussetzen, weil es mich ennuirt — und gewis, wenn es nicht einer so wichtigen Ursache willen geschähe, würde ich es sicher ganz bleiben lassen — so hoffe ich aber doch es so nach und nach zu erzwingen; — ja, wenn es eine große Uhr wäre und das Ding wie eine Orgel lautete, da würde es mich freuen; so aber besteht das Werk aus lauter kleinen Pfeifchen, welche hoch und mir zu kindisch lauten. —

Ich lebe hier bis dato noch ganz retiré — gehe den ganzen Morgen nicht aus, sondern bleibe in meinem Loch von einer Stube und schreibe; — meine ganze Unterhaltung ist das Theater, wo ich dann Bekannte genug antreffe, von Wien, München, Mannheim und sogar Salzburg — Franz Lange Waldhornist und Gres der Schatzmeister ist hier — auch der alte Wendling mit seiner Dorothé — . . . . . so lebte ich am liebsten fort — aber — ich fürchte es nimmt schon ein Ende, fängt ein unruhiges Leben an — man will mich nun schon überall haben — und so ungelegen es mir ist, mich überall so begucken zu lassen, so sehe ich doch die Nothwendigkeit davon ein — und muß es halt in Gottes Namen geschehen lassen; — es ist nun zu vermuthen daß mein Concert nicht schlecht ausfallen möchte — ich wollte es wäre schon vorbey, nur um dem Zeitpunkt näher zu seyn Dich meine Liebe wieder zu umarmen! — — Dienstag giebt die chur=mainzische Schauspielergesellschaft mir zu Ehren meinen Don Juan — Lebe wohl meine Liebe — grüße mir die wenigen Freunde die es mit mir gut meinen — sorge für Deine mir so werthe Gesundheit und sey stets meine Constanze so wie ich ewig seyn werde   Dein
                                                                Mozart.

NB. Schreibe mir fleißig, wenn es auch nur wenige Zeilen sind.

P. S. Gestern habe ich bei dem reichsten Kaufmann in ganz Frankfurt gespeist, bei Herrn Schweitzer. — Die Crux[1] ist auch hier. — Das Mädel habe ich noch nicht gesehen — die Quellenberg aber sagte mir, sie sey so gros und dick geworden, daß ich sie nicht mehr kennen werde. — adjeu.

Morgen Montag ist der Einzug und über acht Tage die Krönung. —

Ma très chère Epouse! —

Criés avec moi contre mon mauvais sort! — Madselle Kirchgessner ne donne pas son Academie Lundi! — par consequent j'aurais pu vous posseder, ma chère, tout ce jour de Dimanche — mercredi je viendrai sûrement. —

Ich muß eilen, weil es schon $^3/_4$ auf 7 Uhr ist — und der Wagen geht um 7 Uhr — — Nimm Dich im Baad in acht daß Du nicht fallest, und bleibe nie allein — auch würde ich an Deiner Stelle einen Tag aussetzen um das Ding nicht zu gähe anzupacken. Ich hoffe es hat Jemand diese Nacht bei Dir geschlafen. — Ich kann Dir nicht sagen was ich darum geben würde, wenn ich anstatt hier zu sitzen bey Dir in Baaden wäre. — Aus lauter langer Weile habe ich heute von der Oper eine Arie componirt — ich bin schon um halb 5 Uhr aufgestanden — Meine Uhr, erstaune! — habe ich aufgebracht; — aber — weil ich keinen Schlüssel hatte, leider nicht aufziehen können, ist das nicht traurig? — schlumbla! — Das ist wieder ein Wort zum

---

[1] Crux, Violinspielerin.

Denken — ich habe die **große Uhr** dafür aufgezogen. — Adjeu — Liebe! — heute speise ich bei Puchberg — ich küsse Dich 1000mal und sage in Gedanken mit Dir: Tod und Verzweiflung war sein Lohn![1] —

Dein Dich ewig liebender Mann
W. A. Mozart.

Der Carl soll sich gut aufführen, küsse ihn für mich.
(nimm Latwerge wenn Du keine Oeffnung hast — aber nicht anders.)
(nimm Dich des Morgens und Abends wenn es kühl ist in acht.)

———

Madame Mutter!
Ich esse gerne Butter.
Wir sind Gottlob und Dank
Gesund und gar nicht krank.
Wir fahren durch die Welt,
Haben aber nit viel Geld;
Doch sind wir aufgeräumt
Und keins von uns verschleimt.
. . . .
Herr Wendling wird wohl böse seyn,
Daß ich kaum nichts geschrieben fein,
Doch wenn ich komm' über d' Rheinbrücke
So komm ich ganz gewiß zurücke
Und schreib die 4 Quartetti ganz
Damit er mich nicht heißt ein Schwantz.

———

[1] Worte aus der Zauberflöte (im Duett zu Anfang des zweiten Actes).

Und das Concert spar ich mir nach Paris,
Dort schmier ichs her . . . . . .
Die Wahrheit zu gestehen, so möcht ich mit den Leuten
Viel lieber in die Welt hinaus und in die große Weiten,
Als mit der Tac=gesellschaft, die ich vor meiner seh,
So oft ich drauf gedenke, so thut mir der Bauch weh;
Doch muß es noch geschehen, wir müssen noch zusamm —
. . . .
Nun will ich mich nit mehr erhitzen
Mit meiner Poesie; nur will ich Ihnen sagen
Daß ich Montag die Ehre hab, ohne viel zu fragen,
Sie zu embrassiren und dero Händ zu küssen,
Doch werd' ich schon vorhero haben . . . .
à dieu Mamma

Worms den 1778ten Jenner Dero getreues Kind
  Anno 31.   ich hab' den Grind
          Trazom.

―――――

Ma très chère Cousine!

. . . . Ich hätte Dero Schreiben vom 25ten Nov. richtig erhalten, wenn Sie nicht geschrieben hätten daß Sie Kopf=, Hals= und Arm=Schmerzen gehabt hätten, und daß Sie ietzt nun, dermalen, alleweil, den Augenblick keine Schmerzen mehr haben, so habe ich Dero Schreiben vom 26ten Nov: richtig erhalten. Ja, ja, meine allerliebste Jungfer Baas, so geht es auf dieser Welt; einer hat den Beutel, der andere das Geld, mit was halten Sie es? — — mit der ☞, nicht wahr? Hur sa sa, Kupferschmied, ... ja und das ist wahr, wers glaubt der wird seelig, und wer's nicht glaubt, der kommt in

Himmel; aber schnurgerade und nicht so, wie ich schreibe.[1]
Sie sehen also daß ich schreiben kann, wie ich will, schön
und wild, grad und krumm. Neulich war ich übels Humors,
da schrieb ich schön, gerade und ernsthaft; heute bin ich gut
aufgereimt, da schreib ich wild, krumm und lustig; ietzt
kommts nur darauf an was Ihnen lieber ist, — — unter
den beyden müssen Sie wählen, denn ich hab kein Mittel,
schön oder wild, grad oder krumm, ernsthaft oder lustig,
die 3 ersten Wörter oder die 3 letzten; ich erwarte Ihren
Entschluß im nächsten Brief. Mein Entschluß ist gefaßt;
wenn mir noth ist, so gehe ich, doch nach dem die Umstände
sind . . . ., so lauf ich . . . . Behüte Dich Gott Suß,
auf dem Fenster liegt d' Zachsen. Ich bin Ihnen Euer
liebten Freüllen Baas sehr verbunden für das Compliment
von Euer Freüllen Freysinger, welches auszurichten Euer
liebten Frl. Juliana so gütig gewesen ist. — Sie schreiben
mir, ich wüßte zwar noch viel, aber zu viel ist zu viel;
— in einem Briefe gebe ich es zu, daß es zu viel ist, aber
nach und nach könnte man viel schreiben; verstehen Sie
mich, wegen der Sonata muß man sich noch ein wenig mit
Geduld bewaffnen. Wenns fürs Bäsle gehört hätte, so
wäre sie schon längst fertig — — und wer weiß ob die
Madselle Freysinger noch daran denkt — — ohngeacht dessen
werde ich sie doch so bald möglich machen, einen Brief darzu
schreiben und mein liebes Bäsle bitten, alles richtig zu
übermachen. A propos . . . . Was werden Sie wohl
denken, daß ich noch in Mannheim bin, völlig drinn. Das
macht, weil ich noch nicht abgereiset bin, nirgends hin!
Doch ietzt glaub ich wird Mannheim bald abreisen. Doch

---

[1] In der Vorlage wird hier bemerkt: „er hatte nehmlich sehr krumm geschrieben".

kann Augsburg von Ihnen aus noch immer nach mir schreiben und den Brief an Mannheim addreſſiren bis auf weitere Nachricht. Der Herr Vetter, Fr: Baas und Jungfr: Baas empfiehlt ſich meiner Mamma und mir. Sie waren ſchon in Aengſten, daß wir etwa krank wären, weil ſie ſo lang keinen Brief von uns bekommen haben. Vorgeſtern ſind ſie endlich mit unſerm Brief vom 26ten Nov. erfreuet worden und heute als den 3ten Decebr. haben Sie das Vergnügen mir zu antworten. Ich werde Ihnen alſo das Verſprochene halten? — Nu das freut Sie. Vergeſſen Sie nur auch nicht München nach der Sonata zu komponiren, denn was man einmal gehalten hat, muß man auch verſprechen, man muß allezeit Wort von ſeinem Mann ſeyn. — Nun aber geſcheut.

Ich muß Ihnen geſchwind etwas erzehlen: ich habe heute nicht zu Hauſe geſpeiſt, ſondern bey einem gewiſſen Mons. Wendling; nun müſſen Sie wiſſen, daß der allzeit um halb 2 Uhr ißt, er iſt verheyrathet und hat auch eine Tochter, die aber immer kränklich iſt. Seine Frau ſingt auf der zukünftigen Opera, und Er ſpielt die Flöte. Nun ſtellen Sie ſich vor, wie es halb 2 Uhr war, ſetzten wir uns alle, bis auf die Tochter welche im Bette blieb, zu Tiſch und aßen.

An alle gute Freund und Freundinnen von uns beyden ..... Empfehlungen. An Dero Eltern ſtehet es Pag. 3 Zeile 12. Nun weiß ich nichts mehr Neues, als daß eine alte Kuh ..... und hiermit addieu Anna Maria Schloſſerin geborne Schlüſſelmacherin. Leben Sie halt recht wohl und haben Sie mich immer lieb; ſchreiben Sie mir bald, denn es iſt gar kalt; halten Sie bald Ihr Verſprechen, ſonſt muß

ich mich brechen. addieu, mon Dieu, ich küsse Sie tausend=
mal und bin knall und fall

Mannheim
ohne Schleim
den 3ten Decembr.
heut ist nicht Quatembr:
1777 zur nächtlichen Zeit
von nun an bis in Ewigkeit
Amen.

Ma très chère Cousine
waren Sie nie zu Berlin?
Der aufrichtige wahre Vetter
bei schönen und wilden Wetter
W. A. Mozart
.... das ist hart.

Jetzt schreib Ihr einmal einen gescheiden Brief, Du kannst dessentwegen doch Spaß darein schreiben, aber so daß Du alle die Briefe richtig erhalten hast; so darf Sie Sich nicht mehr sorgen und kümmern.

Ma très chère Nièce! Cousine! Fille!
Mère, Soeur et Epouse!

Poz himmel tausend sacristey Croaten Schwerenoth, Teufel, Hexen, Truden, Kreuz=battalion und kein End, Poz Element, Luft, Wasser, Erd und Feuer, Europia, Asia, Africa und America, Jesuiter, Augustiner, Benedictiner, Capuciner, Minoriten, Franciscaner, Dominicaner, Charteuser und heil. Kreuzerherrn, Canonici regulares und irregulares, und alle Bärnhäuter, Spitzbuben,[1] . . . .

Wie mir Mannheim gefällt? — so gut einem Ort ohne Bäåsle gefallen kann. Verzeihen Sie mir meine schlechte Schrift, die Feder ist schon alt, ich . . . . . .

Ich hoffe, auch Sie werden im Gegentheil, wie es auch so ist, meine Briefe richtig erhalten haben, nehmlich . . . . . .

Mannheim le 13. Novbr.
1777.

---

[1] Siehe O. Jahn, 1. Ausg. II. 503, 2. Ausg. II. 666.

A Mons. de Puchberg.
Werthester Freund und Bruder!

Am 20ten dieses, folglich in 7 Tagen ziehe ich mein Quartal — wollen und können Sie mir bis dahin etliche und zwanzig Gulden leihen, so werden Sie mich, bester Freund, sehr verbinden und sollen es den 20ten (so wie ich mein Geld ziehe) wieder mit allem Dank zurück haben; — ich stehe bis dahin an. — Ewig

den 13ten April 1791.
(den 13ten April 30 fl. geschickt.) [1]

Ihr
verbundenster Freund
Mozart.

An Puchberg.
Liebster Freund und Ordensbruder!

Meine Sachen habe mit Mühe und Sorge so weit gebracht, daß es nur darauf ankömmt mir auf diese 2 Versatz-Zettel etwas Geld vorzustrecken — ich bitte Sie bey unsrer Freundschaft um diese Gefälligkeit, aber es müßte augenblicklich geschehen — verzeihen Sie meine Zudringlichkeit, aber Sie kennen meine Laage — Ach! hätten Sie doch das gethan um was ich Sie bat! — thäten Sie es noch — so gieng alles nach Wunsch.

Ewig Ihr
Mozart.

---

[1] Bemerkung Puchberg's.

A Monsieur
Monsieur Michael de Puchberg.[1]
Liebster, bester Freund!
Verehrungswürdigster Br.

Geschäfte halber habe heute nicht das Vergnügen haben können, mit Ihnen mündlich zu sprechen; ich habe eine Bitte — Meine Frau schreibt mir, daß sie merke man möchte (obwohl es nicht zu pretendiren sey) so wohl wegen Quartier als auch wegen Kost und Brod gerne etwas Geld sehen, und verlanget also ich möchte ihr schicken. — Ich in der Meinung alles auf die letzt beym Abzug in Ordnung zu bringen, befinde mich nun deswegen in einer großen Verlegenheit. — Meine arme Frau möchte ich nicht u n a n g e n e h m e n S a c h e n aussetzen — und e n t b l ö ß e n kann ich mich dermalen nicht — wenn Sie, bester Freund, mich mit etwas unterstützen können, daß ich ihr es sogleich hinausschicke, so verbinden Sie mich recht sehr — es kömmt ohnehin nur auf einige Tage an, so empfangen Sie in meinem Namen 2000 fl., wovon Sie Sich dann gleich bezahlt machen können.   Ewig Ihr
Mozart.
den 25. Juny 1791.
(eodem die 25 fl. geschickt.

A Monsieur Michael de Puchberg.
Liebster Freund und Br.

So leidentlich als es mir gestern war, so schlecht geht es mir heute; ich habe die ganze Nacht nicht schlafen können vor Schmerzen; ich muß mich gestern von vielem Gehen erhitzt und dann unwissend erkältiget haben; — stellen Sie

---

[1] Vgl. O. Jahn, 1. Ausg. III. 495.

sich meine Lage vor — krank und voll Kummer und Sorge — eine solche Lage verhindert auch die Genesung um ein merkliches — in 8 oder 14 Tagen wird mir geholfen werden — sicher aber gegenwärtig habe ich Mangel. — Könnten Sie mir denn nicht mit einer Kleinigkeit an die Hand gehen? — mir wäre für den Augenblick mit allem geholfen — Sie würden wenigstens für diesen Augenblick beruhigen

Ihren

(den 14. August 790 wahren Freund, Diener und Bruder
10 fl. geschickt.)   W. A. Mozart.

A Mons. Puchberg.[1]

Sie haben recht, liebster Freund, wenn Sie mich keiner Antwort würdigen! — meine Zudringlichkeit ist zu gros; — Nur bitte ich Sie meine Umstände von allen Seiten zu betrachten, meine warme Freundschaft und Zutrauen zu Ihnen zu bedenken und mir zu verzeihen! — Wollen und können Sie mich aber wenigstens aus einer augenblicklichen Verlegenheit reißen, so thun Sie es Gott zu Liebe — was Sie immer leicht enbehren können, wird mir angenehm seyn. — Vergessen Sie ganz meine Zudringlichkeit wenn es Ihnen möglich ist, und verzeihen Sie mir.

Morgen Freytag hat mich Graf Hadick gebeten, ihm des Stadtlers Quartett [Quintett?[2]] und das Trio so ich für Sie geschrieben[3], hören zu machen; ich bin so frey Sie dazu

---

[1] Vgl. O. Jahn, 1. Ausg. III. 493.
[2] Köchel's Verzeichniß Nr. 581.
[3] Gemeint ist das Divertimento in Es-dur für 3 Streichinstrumente (Köchel's Verz. Nr. 563), componirt im September 1788. In einem alten handschriftlichen Katalog der Werke Mozart's ist das Stück als „Trio" und mit der Bemerkung angeführt: „für Kfm. Puchberg geschrieben". Ohne Zweifel ist diese Bemerkung dem verloren gegangenen Original-Manuscript entnommen. O. Jahn ver-

einzuladen, Härring wird es spielen — Ich würde selbst zu
Ihnen gekommen seyn, um mündlich mit Ihnen zu sprechen,
allein mein Kopf ist wegen rheumatischen Schmerzen ganz
eingebunden, welche mir meine Lage noch fühlbarer machen.
Noch einmal, helfen Sie mir nach Ihrer Möglichkeit nur
für diesen Augenblick und verzeihen Sie mir.

(den 8ten April 1790 25 fl. in   Ewig ganz Ihr
Bco Zettel geschickt.)   Mozart.

A Mons. de Puchberg.

Ich hoffe Orsler[1] wird die Schlüssel zurückgebracht haben; es war also nicht meine Schuld. Hoffe er wird Sie
vorläufig auch in meinem Namen auf heute um eine Violine und 2 Bratschen ersucht haben — es gehört zu
einem a Quatro bei Greiner, daß mir daran liegt, wissen
Sie ohnehin — Wenn Sie Abends zur Music hin kommen
wollen, so sind Sie von ihm und von mir höflichst dazu
eingeladen.   Mozart.

P. S. Bitte um Vergebung daß ich das Bewußte vermöge meinem gegebenen Wort nicht zurückgestellt habe, allein
Stadtler, welcher anstatt meiner (weil ich so viel zu
thun habe) zur Casse gehen sollte, vergaß auf den ganzen
20ten April — folglich muß ich nun 8 Tage noch warten.[2]

A Mons. Puchberg.
Liebster Bruder!

Ihre wahre Freundschaft und Bruderliebe macht mich so

---

muthet (a. a. O., 2. Ausg. II. 156), das für Puchberg geschriebene
Trio sei das mit Clavier in E-dur (Köchel's Verz. Nr. 542).

[1] Wahrscheinlich Joseph Orsler, damals (1772—1806) Violon-
cellist an der Hofkapelle in Wien.

[2] Vgl. Brief vom 13. April 1791 (Seite 52).

kühn, Sie um eine große Gefälligkeit zu bitten; — ich bin Ihnen noch 8 Dukaten schuldig — überdies daß ich dermalen außer Stand bin, Sie Ihnen zurück zu bezahlen. so geht mein Vertrauen gegen Sie so weit, daß ich Sie zu bitten wage, mir nur bis künftige Woche (wo meine Academien im Casino anfangen) mit 100 fl. auszuhelfen; — bis dahin muß ich nothwendigerweise mein Subscriptions-Geld in Händen haben und kann Ihnen dann ganz leicht 136 fl. mit dem wärmsten Dank zurück bezahlen.

Ich nehme mir die Freyheit Ihnen hier mit 2 Billets aufzuwarten, welche ich Sie (als Bruder) bitte, ohne alle Bezahlung anzunehmen, da ich ohnehin nie im Stande seyn werde, Ihnen Ihre mir bezeugte Freundschaft genugsam zu erwiedern.

Ich bitte Sie noch einmal meiner Zudringlichkeit wegen um Vergebung und verharre nebst Empfehlung an Ihre würdige Frau Gemahlin mit aller Freundschaft und Bruderliebe

Ihr ganz ergebenster Br.

(100 fl. überschickt.)   W. A. Mozart.

A Mons. Puchberg.

Liebster Freund! —

Wenn ich gewußt hätte, daß Sie mit dem Biere fast zu Ende sind, so würde ich mich gewis nie unterstanden haben Sie davon zu berauben, ich nehme mir also die Freyheit Ihnen hiemit den andern Blutzer[1] wieder zurück zu schicken, da ich heute schon mit Wein versehen bin; — ich danke Ihnen herzlich für den ersten und wenn Sie wieder mit Bier versehen seyn werden, so bitte ich mir ein Blutzerchen aus; Sie wissen wie gerne ich es trinke; — ich bitte

---

[1] Blutzer, wienerisch für Krug.

Sie, bester Freund, schicken Sie mir nur auf ein paar Tage
etliche Ducaten, **wenn Sie können**, weil es eine Sache
betrifft, die sich nicht verschieben läßt, sondern augenblicklich
geschehen muß.; — verzeihen Sie meine Zudringlichkeit, es
entspringt aus dem großen Vertrauen, so ich in Ihre Freund=
schaft und Bruderliebe setze. —
  (den 20ten Febr. 1790 25 fl. gesandt.) Ewig Ihr
                 Mozart.

A Mons. de Puchberg.
Liebster Freund und Br:

Können Sie mir, wenn es auch nur **das** wie das letzte=
mal ist, schicken, so verbinden Sie recht sehr Ihren ewig
dankbaren   Freund und Br.
  (den 23ten April 25 fl. geschickt.) Mozart.

A Mons. de Puchberg.
Liebster Freund! —

Ihr letzteres so gütiges Billet hat man vergessen mir
zur gehörigen Zeit einzuhändigen, folglich konnte ich auch
nicht eher darauf antworten — Ich bin ganz gerührt von
Ihrer Freundschaft und Güte; können und wollen Sie die
100 fl. mir noch anvertrauen, so verbinden Sie mich recht
sehr —

Morgen ist die erste Instrumental=Probe im Theater —
Haydn wird mit mir hingehen — erlauben es Ihre Ge=
schäfte, und haben Sie vielleicht Lust der Probe auch bey=
zuwohnen, so brauchen Sie nichts als die Güte zu haben

sich Morgen Vormittag um 10 Uhr bei mir einzufinden,
so wollen wir dann alle zusammen gehen.

  den 20ten Jenner Ihr verbundenster Freund
   1790.
 (eodem die 100 fl. geschickt.)   W. A. Mozart.

A Mons. Puchberg.[1]
Allerliebster Freund,
und Ordens=Bruder!

Sie werden ohne Zweifel von Ihren Leuten vernommen haben, daß ich gestern bey Ihnen war, und (nach Ihrer Erlaubniß) uneingeladen bei Ihnen speisen wollte. — Sie wissen meine Umstände; kurz, ich bin, da ich keinen wahren Freund finde, gezwungen, bei Wucherern Geld aufzunehmen — da es aber Zeit braucht, um unter dieser unchristlichen Classe Menschen doch noch die christlichsten aufzusuchen und zu finden, so bin dermalen so entblöst, daß ich Sie liebster Freund um alles in der Welt bitten muß, mir mit Ihrem Entbehrlichsten beyzustehen. Wenn ich, wie ich hoffe, in 8 oder 14 Tagen das Geld bekomme, so werde ich Ihnen gleich das mir ietzt gelehnte wieder zurückzahlen. Mit dem was ich Ihnen schon so lange anständig [ausständig?] bin, muß ich Sie leider noch bitten Gedult zu haben. Wenn Sie wüßten was mir das alles für Kummer und Sorge macht — es hat mich die ganze Zeit her verhindert meine Quartetten zu endigen. —

Ich habe nun sehr große Hoffnung bey Hofe. Denn ich weiß zuverlässig daß N. N. meine Bittschrift nicht, wie die andere begünstigt oder verdammt, herabgeschickt, sondern zurück behalten hat. Dies ist ein gutes Zeichen. Künftigen

---

[1] Vgl. O. Jahn, 1. Ausg. III. 494.

Samstag bin ich willens meine Quartetti bey mir zu machen, wozu ich Sie und Dero Frau Gemahlin schönstens einlade. Liebster, bester Freund und Bruder — entziehen Sie mir, meiner Zudringlichkeit wegen, Ihre Freundschaft nicht und stehen Sie mir bey, ich verlasse mich ganz auf Sie und bin ewig Ihr dankbarster
Mozart.

NB. Nun habe ich 2 Scholaren — ich möchte es gerne auf 8 Scholaren bringen — suchen Sie es auszustreuen, daß ich Lectionen annehme.

(den 17ten May 150 fl. gesandt.)

Verehrungswürdigster O. B.
Liebster, bester Freund! —[1]

Ich habe immer geglaubt dieser Tagen selbst in die Stadt zu kommen, um mich bey Ihnen wegen Ihrer mir bewiesenen Freundschaft mündlich bedanken zu können — Nun hätte ich aber nicht einmal das Herz vor Ihnen zu erscheinen, da ich gezwungen bin Ihnen frey zu gestehen, daß ich Ihnen das mir geliehene ohnmöglich so bald zurückzahlen kann und Sie ersuchen muß mit mir Geduld zu haben! — Daß die Umstände dermalen so sind und Sie mich nach meinem Wunsch nicht unterstützen können, macht mir viele Sorgen! — Meine Lage ist so, daß ich unumgänglich benöthiget bin, Geld aufzunehmen — aber Gott, wem soll ich mich vertrauen? — Niemanden als Ihnen, mein Bester! — Wenn Sie mir nur wenigstens die Freundschaft thun wollen, mir durch einen andern Weg Geld zu verschaffen! — ich zahle ja gerne die Interessen — und derjenige der mir lehnt ist ja durch meinen Charakter und meine Besoldung glaub'

---

[1] Vgl. O. Jahn, 1. Ausg. III. 491.

ich gesichert genug; — es thut mir leid genug, daß ich in diesem Falle bin — eben deswegen wünschte ich aber eine etwas **ansehnliche Summe** auf einen etwas **längern Termin** zu haben, um einem solchen Falle vorbeugen zu können. — Wenn Sie, liebster Bruder, mir in dieser meiner Lage nicht helfen, so verliere ich meine Ehre und Credit, welches das einzige ist, was ich zu erhalten wünsche; — ich baue aber ganz auf Ihre ächte Freundschaft und Bruderliebe und erwarte zuversichtlich daß Sie mir mit Rath und That an die Hand gehen werden — wenn mein Wunsch in Erfüllung geht, so kann ich frey Odem schöpfen, weil ich dann im Stande sein werde, mich in **Ordnung** zu bringen und mich darinn zu erhalten; — kommen Sie doch zu mir und besuchen Sie mich; ich bin immer zu Hause; — ich habe in den 10 Tagen daß ich hier wohne mehr gearbeitet, als im andern Logis die 2 Monathe; — und kämen mir nicht so oft so schwarze **Gedanken** (die ich mir mit Gewalt ausschlagen muß) würde es mir noch besser von statten gehen, denn ich wohne angenehm, — bequem und **wohlfeil**. Ich will Sie nicht länger mit meinem Gewäsche aufhalten, sondern **schweigen** und **hoffen**.

den 27ten Jun. 1788.   Ewig Ihr verbundener Diener,
wahrer Freund und Ordens=Bruder
W. A. Mozart.

A Mons. Puchberg.[1]

den 17ten Jul. 1789.

Liebster bester Freund
und verehrungswürdiger Br.

Sie sind gewiß böse auf mich, weil Sie mir gar keine

---

[1] Vgl. O. Jahn, 1. Ausg. III. 492.

Antwort geben! Wenn ich Ihre Freundschafts-Bezeugungen und mein dermaliges Begehren zusammenhalte, so finde ich daß Sie vollkommen recht haben; wenn ich aber meine Unglücksfälle (und zwar ohne mein Verschulden) und wieder Ihre freundschaftlichen Gesinnungen gegen mich zusammenhalte, so finde ich doch auch, daß ich Entschuldigung verdiene. Da ich Ihnen, mein Bester, alles was ich nur auf dem Herzen hatte in meinem letzten Brief[1] mit aller Aufrichtigkeit hinschrieb, so würden mir für heute nichts als Wiederholungen übrig bleiben; nur muß ich noch hinzusetzen, [erstens] daß ich keiner so ansehnlichen Summe benöthiget seyn würde, wenn mir nicht entsetzliche Kosten wegen der Cur meiner Frau bevorstünden, besonders wenn sie nach Baaden muß; 2tens da ich in kurzer Zeit versichert bin in bessere Umstände zu kommen, so ist mir die zurückzuzahlende Summe sehr gleichgültig, für die gegenwärtige Zeit aber lieber und sicherer wenn sie gros ist; 3tens muß ich Sie beschwören, daß wenn es Ihnen ganz unmöglich wäre mir diesmal mit dieser Summe zu helfen, Sie die Freundschaft und Bruderliebe für mich haben möchten, mich nur in diesem Augenblicke mit was Sie nur immer entbehren können zu unterstützen, denn ich stehe wirklich darauf an; — zweifeln können Sie an meiner Rechtschaffenheit gewis nicht, dazu kennen Sie mich zu gut; — Mistrauen in meine Worte, Aufführung und Lebenswandel können Sie auch nicht setzen, weil Sie meine Lebensart und mein Betragen kennen; — folglich verzeihen Sie mein Vertrauen zu Ihnen; bin ganz überzeugt daß nur Unmöglichkeit Sie hindern könnte, Ihrem Freund behülflich zu seyn; — können und wollen Sie mich ganz trösten, so

---

[1] Dieser Brief ist der vom 12. Juli 1789. Siehe Seite 12.

werde ich Ihnen als meinem Erretter noch jenseits des
Grabes danken — denn Sie verhelfen mir dadurch zu meinem
fernern Glück in der Folge — wo nicht — in Gottes Na=
men, so bitte ich und beschwöre ich Sie um eine augen=
blickliche Unterstützung nach Ihrem Belieben, aber
auch um Rath und Trost. —
Ewig Ihr verbundenster Diener
Mozart.

P. S. meine Frau war gestern wieder elend, heute auf
die Igel befindet sie sich Gottlob wieder besser; — ich bin
doch sehr unglücklich! — immer zwischen Angst und Hoff=
nung — und dann! — Doctr. Closset war gestern auch
wieder da. —
(den 17ten Jul. 1789 eod. die
beantwortet und 150 fl. gesandt.)

Liebster, bester Freund
und Bruder! —

Mir ist sehr leid, daß ich nicht ausgehen darf um mit
Ihnen selbst sprechen zu können, alleine meine Zahn= und
Kopfschmerzen sind noch zu groß, und ich fühle überhaupt
noch eine starke Alteration. Ihr Gedanke wegen einigen
guten Scholaren ist auch der meinige, nur wollte ich warten,
bis ich in dem andern Quartier bin, weil ich in meiner Be=
hausung Lection zu geben gesinnt bin, unterdessen bitte ich
Sie, diese meine Idee ein Bischen unterdessen den Leuten
bekannt zu machen, — auch bin ich gesinnt die 3 Monathe
Juli, Juni und August Subscriptions=Academien bey mir
zu geben, folglich ist nichts als die gegenwärtige Lage, die
mich drückt — Wie ich ausziehe, so muß ich 275 fl. wegen
der neuen Wohnung zahlen — leben muß ich auch bis

meine Academien in Ordnung sind und bis meine Quartetten so ich in Arbeit habe zum Stich befördert werden — folglich würde ich, wenn ich dermalen wenigstens 600 fl. in die Hände bekäme, ziemlich ruhig schreiben können — denn ach! Ruhe gehört dazu; — was mich augenblicklich aber äußerst quälet, ist eine Schuld bei dem Galanterie-Händler am Stock im Eisen,[1] welcher, obwohl er anfangs selbst die Unmöglichkeit einsah und sich zufrieden zeigte, nun aber ernstlich und ungestüm die Bezahlung fordert, es beträgt 100 fl. — Diese Unannehmlichkeit wünschte ich mir wohl herzlich vom Halse. — Nun habe ich Ihnen aufrichtig gebeichtet, und bitte Sie sehnlichst alles zu thun, was Sie immer nach Ihrer Möglichkeit und Ihren wahren freundschaftlichen Gesinnungen thun können.   Ewig Ihr
(100 fl. überschickt.)   Mozart.

Verehrungswürdigster Freund
und Ordensbruder!

Erschrecken Sie nicht über den Inhalt dieses Briefes; — nur bei Ihnen — mein Bester, da Sie mich und meine Umstände ganz kennen, habe ich das Herz mich ganz vertrauensvoll zu entdecken — künftigen Monat bekomme ich von der Direction (nach ietziger Einrichtung) 200 Ducaten für meine Oper; — können und wollen Sie mir 400 fl. bis dahin geben, so ziehen Sie Ihren Freund aus der größten Verlegenheit und ich gebe Ihnen mein Ehrenwort, daß Sie das Geld zur bestimmten Zeit baar und richtig mit allem Dank zurück haben sollen; ich würde, troz meiner täglich großen Ausgaben, doch mich nach Möglichkeit bis dahin noch gedulten, wenn nicht Neujahr wäre,

---

[1] Stock im Eisen, ein Platz in Wien.

wo ich die Apotheken und Doctores (welche nicht mehr brauche) ganz zahlen muß, wenn ich nicht meinem Credit schaden will; — besonders haben wir Hundschowky[1] auf eine (wegen gewissen Ursachen) etwas unfreundliche Art von uns weg gebracht, warum es mir nun doppelt am Herzen liegt ihn zu contentiren; — bester Freund und Bruder! — ich weiß nur zu gut, was ich Ihnen alles schuldig bin! — wegen den alten bitte ich Sie noch Gedult zu haben! — gewiß ist Ihnen die Bezahlung, dafür stehe ich mit meiner Ehre. Ich bitte Sie nochmals, reißen Sie mich nur dies= mal aus meiner fatalen Lage, wie ich das Geld für die Oper erhalte, so sollen Sie die 400 fl. ganz gewiß wieder zurück haben; — und diesen Sommer hoffe ich gewis (durch die Arbeit für den König von Preußen) Sie von meiner Ehrlichkeit ganz überzeugen zu können — Morgen kann vermöge der Abrede Abends nichts seyn bey uns, — ich habe zu viele Arbeit, — wenn Sie ohnedies Zißler[2] sehen, so bitte es ihm zu sagen — Donnerstag aber lade ich Sie (aber nur Sie allein) um 10 Uhr Vormittag zu mir ein, zu einer kleinen Oper=Probe; — nur Sie und Haydn lade ich dazu. — Mündlich werde ich Ihnen Cabalen von Salieri erzählen, die aber alle schon zu Wasser geworden sind — adjeu.   Ewig Ihr

dankbarer Freund und Br:

W. A. Mozart.

(300 fl. überschickt.)

---

[1] Schreibfehler: Lichnowsky:

[2] Vermuthlich Jos. Zistler (Zißler:), Violinspieler.

Verehrungswürdiger O. B.
Liebster, bester Freund! —[1]

Die Ueberzeugung, daß Sie mein wahrer Freund sind und daß Sie mich als einen ehrlichen Mann kennen, ermuntert mich Ihnen mein Herz ganz aufzudecken und folgende Bitte an Sie zu thun. — Ich will ohne alle Ziererey nach meiner angebohrnen Aufrichtigkeit zur Sache selbst schreiten. —
Wenn Sie die Liebe und Freundschaft für mich haben wollten, mich auf 1 oder 2 Jahre mit 1 oder 2 tausend Gulden gegen gebührende Interessen zu unterstützen, so würden Sie mir auf Acker und Pflug helfen! — Sie werden gewiß selbst sicher und wahr finden, daß es übel, ja unmöglich zu leben sey, wenn man von Einnahme zu Einnahme warten muß! — wenn man nicht einen gewissen, wenigstens den nöthigen Vorrath hat, so ist es nicht möglich in Ordnung zu kommen — mit nichts macht man nichts. — Wenn Sie mir diese Freundschaft thun, so kann ich erstl. (da ich versehen bin) die nöthigen Ausgaben zur gehörigen Zeit, folglich leichter entrichten, wo ich ietzt die Bezahlungen verschieben, und dann eben zur unbequemsten Zeit meine ganze Einnahme auf einmal herausgeben muß; 2tens kann ich mit sorgenloserm Gemüth und freyerm Herzen arbeiten, folglich mehr verdienen. — Wegen Sicherheit glaube ich nicht daß Sie einigen Zweifel haben werden! — Sie wissen so ohngefähr wie ich stehe — und kennen meine Denkungsart! Wegen der Subscription dürfen Sie keine Sorge haben, ich setze nun die Zeit um einige Monathe mehr hinaus; — ich habe Hoffnung auswärtig mehrere Liebhaber zu finden, als hier.

---

[1] Vgl. O. Jahn, 1. Ausg. III. 489.

Nun habe ich Ihnen, in einer Angelegenheit die mir sehr wichtig ist, mein Herz ganz sehen lassen, folglich als ein ächter Bruder gehandelt — aber nur gegen einen ächten Bruder kann man sich ganz heraus lassen. Nun sehe ich mit Sehnsucht einer Antwort, aber wirklich einer an ge= nehmen Antwort entgegen; und ich weiß nicht — ich kenne Sie einmal als den Mann der so wie ich, wenn er anderst kann, seinen Freund aber wahren Freund, seinen Bruder aber ächten Bruder gewis unterstützt. Wenn Sie vielleicht so bald nicht eine solche Summe ent= behren könnten, so bitte ich Sie mir wenigstens bis Morgen ein paar 100 Gulden zu leihen, weil mein Hausherr auf der Landstraße so indiscret war, daß ich ihn gleich auf der Stelle (um Ungelegenheit zu vermeiden) auszahlen mußte, welches mich sehr in Unordnung gebracht hat! —

Wir schlafen heute das erstemal in unserm neuen Quar= tier wo wir Sommer und Winter bleiben; — ich finde es im Grunde einerley wo nicht besser, ich habe ohnehin nicht viel in der Stadt zu thun und kann, da ich den vielen Besuchen nicht ausgesetzt bin, mit mehrerer Muße arbeiten; — und muß ich Geschäfte halber in die Stadt welches ohnehin selten genug geschehen wird, so fährt mich jeder Fiacer um 10 Xr. hinein, um das ist auch das Logis wohl= feiler, und wegen Frühjahr, Sommer und Herbst an ge= nehmer, da ich auch einen Garten habe. Das Logis ist in der Währinger=Gasse bei den 3 Sternen No: 135[1].

---

[1] Das Haus in der Währingergasse „zu den drei (nicht 5) Ster= nen" ist jetzt mit Nr. 26 bezeichnet. O. Jahn, der in seiner Bio= graphie (2. Ausg. II. 738) Nr. 16 angiebt, ist falsch berichtet wor= den. Das Haus, das jetzt die Nummer 16 trägt, ist ein neues Haus, und ist der Grund, auf dem es steht, erst in den letzten Decennien bebaut worden.

Nun nehmen Sie meine Briefe als das wahre Zeichen meines ganzen Vertrauens gegen Sie und bleiben Sie ewig mein Freund und Bruder, wie ich seyn werde bis ins Grab

Ihr wahrer innigster Freund und Bruder
W. A. Mozart.

P. S. Wenn werden wir denn wieder bey Ihnen eine kleine Musique machen? Ich habe ein neues Tuett [Terzett?] geschrieben.

(den 17ten Juny 1788 200 fl. gesendet.)

A Monsieur
Monsieur Mozart
Célèbre Compositeur de Musique
à
Vienne.

Londres ce 26 Octobr. 1790.

Monsieur!

Par une personne attachée à S. A. R. le Prince de Galles j'apprends votre dessein de faire un voyage en Angleterre, et comme je souhaite de connoître personellement des gens à talents, et que je suis actuellement en état de contribuer à leurs avantages, je vous offre Monsieur la place de Compositeurs ont eus[1] en Angleterre. Si vous êtes donc en état de Vous trouver à Londres envers la fin du mois de Decembre prochain 1790 pour y rester jusqu'à la fin de Juin 1791 et dans cet espace de tems de composer au moins deux Operas ou sérieux ou comiques, selon le choix de la Direction, je vous offre trois cents livres Sterling avec l'avantage d'écrire pour le concert de la pro-

---

[1] Diese Wörter geben keinen Sinn. Wo der Fehler steckt, bleibt dahingestellt.

fession ou toute autre salle de concert à l'exclusion seulement des autres Théatres. Si cette proposition peut vous être agréable et vous êtes en état de l'accepter faites moi la grâce de me donner une réponse à vue, et cette lettre vous servira pour un Contract.

Jai l' honneur d'être

Monsieur
Votre très humble Serviteur
Rob. May O'Reilly. [1]

Ayez la bonté de diriger
au Panthéon à Londres.

Mademoiselle
ma très chère Cousine!

Sie werden vielleicht glauben oder gar meynen ich sey gestorben! — — ich sey [2] . . . . . .

Mannheim den 28. Sebr. 1778.

---

[1] Der Schreiber des Briefes hatte damals die Direction der italienischen Oper in London, die nach dem Brande des King's-Theaters ins Pantheon übergesiedelt war. Wir entnehmen Ersteres Reichardt's Musikalischem Wochenblatt („Studien für Tonkünstler") vom Jahre 1791 Seite 27, wo aus London am 1. Juli 1791 gemeldet wird: „O Reilly wird ohne Zweifel die Direktion von der großen italiänischen Oper fürs künftige Jahr verlieren". Ueber Mozart's Absicht, nach London zu reisen, s. O. Jahn's Biogr. 2. Ausg. I. 712, II. 466. Ueber das Pantheon findet man Näheres in C. S. Pohl's „Haydn in London" S. 56 f.

[2] Siehe O. Jahn, 1. Ausg. II. 505, 2. Ausg. II. 668.

Liebstes, bestes, schönstes, liebenswürdigstes, reizendstes, von einem unwürdigen Vetter in Harnisch gebrachtes
     Bäßchen
     oder
  Violoncellchen!

Soliburg den 20ten May
Ein tausend 7hundert und neun
blas . . . . .

Ob ich Johannes Chrisostomus Sigismundus Amadeus Wolfgangus Mozartus[1] . . . . . .

P. S. Ist die böhmische Trupp schon weck — sagen Sie mirs, meine Beste, ich bitte Sie um himmelswillen! ach! — sie wird nun in Ulm seyn, nicht wahr? O, überzeugen Sie mich dessen, ich beschwöre Sie bey allem was heilig ist — die Götter wissen es, daß ich es aufrichtig meine. Lebt's Thüremichele noch? — — — — — . . . .

Wie hat sich Vogt mit seiner Frau vertragen? — haben sie sich einander gekriegt beym Kragen? — lauter Fragen.

     Eine zärtliche Ode.

Dein süßes Bild, o Bäßchen, schwebt . . . . . .

---

[1] Siehe O. Jahn, 1. Ausg. II. 509, 2. Ausg. II. 671.

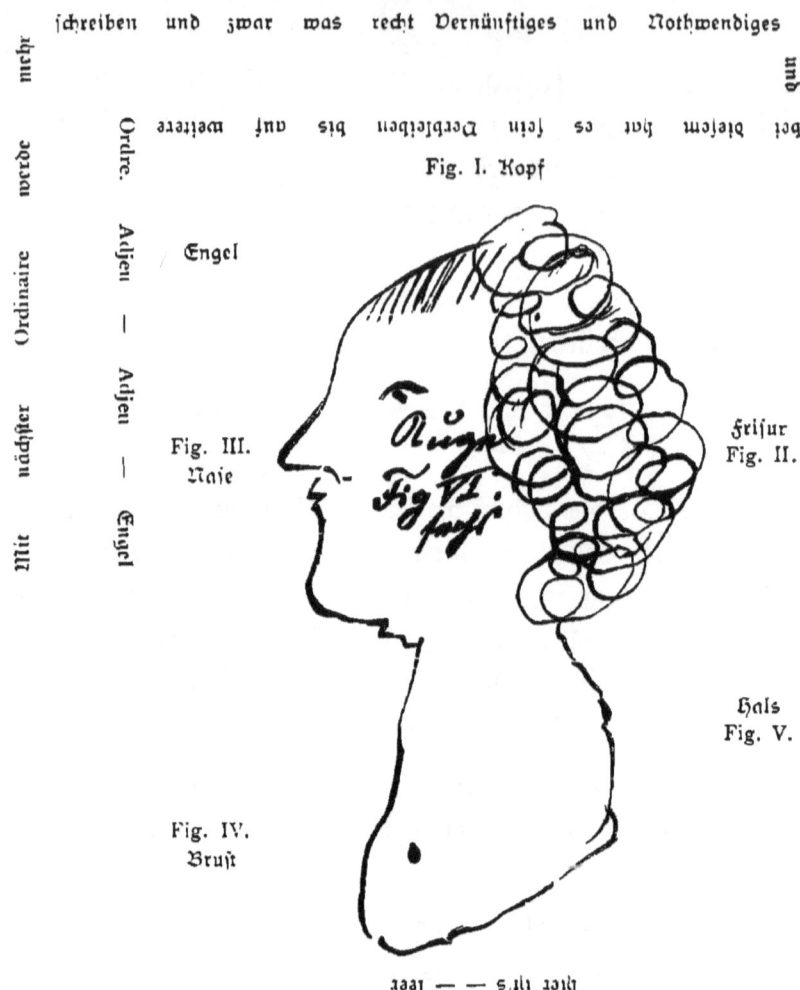

schreiben und zwar was recht Vernünftiges und Nothwendiges und bei diesem hat es sein Verbleiben bis auf weitere Ordre. Adjeu — Adjeu — Engel

Mit nächster Ordinaire werde

Fig. I. Kopf
Engel
Fig. III. Nase
Frisur Fig. II.
Hals Fig. V.
Fig. IV. Brust
hier ist's — — leer

Meine und unser aller Empfehlung an . . . .
Mein Vater giebt Ihnen seinen onklischen Seegen und meine Schwester giebt Ihnen 1000 cousinische Küsse und der Vetter giebt Ihnen . . . . .

——— ———

(Zum Brief vom 30ten¹ Octobr. 1777.)

**A Mademoiselle
Marie Anne Mozart.**

Das ist curiös! ich soll etwas gescheutes schreiben und mir fällt nichts gescheides ein. Vergessen Sie nicht den Herrn Dechant zu ermahnen, damit er mir die Musicalien bald schickt. Vergessen Sie Ihr Versprechen nicht; ich vergesse gewiß auch nicht. Wie haben Sie doch zweifeln können, mit nächstem werde ich Ihnen einen gantz französischen Brief schreiben, und den können Sie Sich alsdenn von Herrn Forstmeister verdeutschen lassen; ich hoffe Sie werden schon zu lernen angefangen haben? ietzt ist der Platz zu klein noch mehr gescheides herzubringen, und immer was gescheides macht Kopfweh; es ist ja ohnehin mein Brief voll gescheider und gelehrter Sachen, wenn Sie ihn schon gelesen haben, so werden Sie es gestehen müssen und haben Sie ihn noch nicht gelesen, so bitte ich Sie lesen Sie ihn bald, Sie werden viel Nutzen daraus ziehen, Sie werden bei einigen Zeilen bittere Zähren vergießen.

**A Mademoiselle
Marie Constance de Weber.²**
Liebste, beste Freundin!

Diesen Namen werden Sie mir ja doch noch wohl erlauben, daß ich Ihnen geben darf? So sehr³ . . . .

---

¹ Schreibfehler oder?
² „Mozart's nachmalige Frau". Bemerkung in der Vorlage.
³ Siehe L. Nohl's „Mozarts Briefe", 2. Aufl. S. 342.

Freytag um halb 11 Uhr Nachts.

Liebſtes, beſtes Weibchen!

Eben komme ich von der Oper die Zauberflöte — ſie war eben ſo voll wie allezeit — das Duetto **Mann und Weib** und das **Glöckchenſpiel** im erſten Act wurde wie gewöhnlich wiederholt — auch im 2ten Act das Knaben=Terzett. — Was mich aber am meiſten freuet iſt der **ſtille Beifall**! — man ſieht recht wie ſehr und immer mehr dieſe Oper ſteigt.

Nun meinen Lebenslauf; — gleich nach Deiner Abſeglung ſpielte ich mit Herrn von Mozart (der die Oper beym Schikaneder geſchrieben hat) 2 Parthien Billard — dann[1] verkaufte ich um 14 Ducaten meinen Klepper — dann ließ ich mir durch Joſeph den Primus rufen und ſchwarzen Koffee holen, wobey ich eine herrliche Pfeiffe Toback ſchmauchte; dann inſtrumentirte ich faſt das ganze Rondo von [für] Stadtler[2]; — in dieſer Zwiſchenzeit kam ein Brief von Prag von Stadtler. — Die Duſcheckiſchen ſind alle wohl, — mir ſcheint es, ſie muß gar keinen Brief von Dir erhalten haben — und doch kann ich faſt nicht glauben! — genug — ſie wiſſen ſchon alle die herrliche Aufnahme meiner deutſchen Oper. — Das Sonderbarſte dabei iſt, daß den Abend,

---

[1] Die Vorlage hat hier noch das eingeklammerte Wort: vertauſchte.

[2] Das Rondo des für Alb. Stadler i. J. 1791 geſchriebenen Clarinett=Concertes. Vgl. Köchel's Verz. Nr. 622; O. Jahn's Biogr., 2. Ausg. II. 27. Aus den Daten, welche ſich an den Brief knüpfen, ergiebt ſich, daß das Concert nicht, wie Köchel irrthümlich angiebt, am 28. September, ſondern ſpäter und früheſtens am 7. October 1791 fertig wurde. In Mozart's eignem thematiſchen Verzeichniß iſt es zwiſchen dem 28. September und 15. November 1791 eingetragen.

als meine neue Oper mit so vielem Beyfall zum erstenmale aufgeführt wurde,[1] am nehmlichen Abend in Prag der Tito zum letztenmal auch mit außerordentlichem Beyfall aufgeführet worden, alle Stücke sind applaudirt worden, der Bedini sang besser als allezeit — das Duettchen ex A von den 2 Mädchens wurde wiederholet — und gerne, hätte man nicht die Marchetti geschont, hätte man auch das Rondo repetirt[2]. — Dem Stodla[3] wurde (o böhmisches Wunder!) — schreibt er — aus dem Parterre und sogar aus dem Orchester bravo zugeruffen; ich hab mich aber auch recht angesetzt, schreibt er; auch schrieb er (der Stodla) daß ihn N. N. — — und nun einsehe, daß er ein Esel ist — N. N. versteht sich, nicht der Stodla, — der ist nur ein Bissel ein Esel, nicht viel, aber der N. N. — ja der, der ist ein rechter Esel. Um halb 6 Uhr gieng ich beim Stubenthor hinaus — und machte meinen Favorit-Spaziergang über die Glacis ins Theater — was sehe ich? — was rieche ich? — — der Primus ist es mit den Carbonadeln! — gusto! — ietzt esse ich Deine Gesundheit — eben schlägt es 11 Uhr — vielleicht schläfst Du schon? — — — st! st! st! — ich will Dich nicht aufwecken!

Samstags den 8ten.

Du hättest mich gestern beim Nachtessen sehen sollen! — das alte Tischgeräthe habe ich nicht gefunden, folglich habe ich ein Schnee=blümelweißes hergegeben und den doppelten

---

[1] Die erste Aufführung der Zauberflöte fand in Wien am 30. September 1791 Statt.

[2] Bedini sang den Annio, Sgra. Marchetti die Vitellia. Vgl. Jahn's Mozart, 1. Ausg. IV. 576, 2. Ausg. II. 470.

[3] Stadler. Aus dem Folgenden wird die Vermuthung O. Jahn's (Mozart, 2. Ausg. II. 478), daß Stadler bei den Aufführungen des Titus in Prag als Solospieler mitwirkte, bestätigt.

Leuchter mit Wachs vor meiner! — vermög des Briefes vom N. N. sollen die N. N. schon hier durch seyn — auch hat die Duscheck sicher einen Brief von Dir erhalten, denn er schreibt: die Affection war sehr mit des Mathias Nachschrift zufrieden, sie sagte: der L. S. L. L. — oder ESEL gefällt mir so wie er ist. — treibe den N. N. an, daß er für N. N. schreibt, denn er hat mich sehr darum gebeten. — Nun wirst Du wohl im besten Schlummer seyn, da ich dieses schreibe. — Der Friseur ist accurat um 6 Uhr gekommen — und Primus hat schon um halb 6 Uhr eingefeuert und mich $^3/_4$ geweckt. — Warum muß es jetzt eben regnen? — ich hoffte daß Du ein schönes Wetter haben solltest! — Halte Dich nur hübsch warm, damit Du Dich nicht erkältest; ich hoffe daß Dir das Bad einen guten Winter machen wird, — denn nur dieser Wunsch, daß Du gesund bleiben mögest, hieß mich Dich antreiben nach Baaden zu gehen — mir wird jetzt schon die Zeit lang um Dich — das sah ich alles vorher; — hätte ich nichts zu thun, so würde ich gleich auf die 8 Tage mit Dir hinaus gegangen seyn; — ich habe aber daraus gar keine Bequemlichkeit zum arbeiten; und ich möchte gerne, so viel möglich, aller Verlegenheit ausweichen; nichts angenehmers als wenn man etwas ruhig leben kann, deswegen muß man fleißig seyn und ich bin es gerne. —

Dem N. N. gieb in meinem Namen ein paar tüchtige Ohrfeigen, auch lasse ich die A. (welche ich 1000 mal küsse) bitten, ihm ein paar zu geben — laßt ihm nur um Gotteswillen keinen Mangel leiden! — ich möchte um alles in der Welt heut oder morgen von ihm den Vorwurf nicht haben, als hättet Ihr ihn nicht gehörig bedienet und verpfleget — gebt ihm lieber mehr Schläge als zu wenig — gut wäre es, wenn Ihr ihm einen Krebsen an die Nase zwicktet, ein Aug ausschlüget oder sonst eine sichtbare Wunde verursachtet, damit der Kerl nicht einmal das, was er von Euch empfangen, abhängen kann; — adjeu liebes Weibchen! — der Wagen will abfahren, — ich hoffe heute gewis etwas von Dir zu lesen, und in dieser süßen Hoffnung küsse ich Dich 1000 mal und bin

ewig Dein
Dich liebender Mann
W. A. Mozart.

Mittwoch.

Liebstes Weibchen!

Ich hoffe Du wirst mein Schreiben richtig erhalten haben; — ein Bischen muß ich Dich auszanken, Liebe! — wenn es schon nicht möglich ist, daß Du ein Schreiben von mir erhalten kannst, so könntest Du doch schreiben, muß es denn nur Antwort seyn? — ich erwartete schon ganz gewis einen Brief von meinem lieben Weibchen — doch ich betrog mich leider — bringe es aber ein, das rathe ich Dir, sonst verzeihe ich Dir in meinem Leben nicht mehr — gestern war ich in dem zweyten Theil von der Cosa rara — gefällt mir aber nicht so gut wie die Antons.[1] — Wenn Du Samstag herein kömmst, so kannst Du auch noch den halben Sonntag hierin bleiben — wir sind auf die Schwechat zu einem Amt und zu Mittage eingeladen — adjeu — gieb acht auf Deine Gesundheit, — apropos — N. N. (Du

---

[1] Zweiter Theil von Una cosa rara, Operette von Ben. Schack, kam frühestens Ende 1789 im Schikaneder'schen Theater zur ersten Aufführung. Die beiden Antons (erster Theil), Operette ebenfalls von Schack, gelangten zur ersten Aufführung spätestens i. J. 1789. Die Zeit der ersten Aufführung beider Operetten läßt sich nicht genau bestimmen. Vgl. S. 92.

weißt wen ich meine) ist ein Hundsfott — erstens thut er
mir so schön ins Gesicht und schmält aber öffentlich über
den Figaro — und hat mich hier entsetzlich wegen der be=
wußten Sachen ausgerichtet — ich weiß es gewis —
Dein Dich von Herzen
liebender Gatte
Mozart.

Leipzig den 16ten May 1789.

Allerliebstes, bestes
Herzensweibchen!

Wie? — noch in Leipzig? — mein letzter vom 8ten
oder 9ten sagte Dir zwar, daß ich in der Nacht um 2 Uhr
schon wieder abreisen würde, allein, das viele Bitten meiner
Freunde bewog mich, Leipzig (wegen des Fehlers einer oder
zweier Personen) nicht zu affrontiren, sondern Dienstags den
12ten eine Academie zu geben. — Diese war von Seiten
des Beyfalls und der Ehre glänzend genug, desto magerer
aber die Einnahme betreffend. Duschek, welche sich hier
befindet, sang darinnen; — die Neumann'schen aus Dres=
den sind auch alle hier; — das Vergnügen, so lange wie
möglich in Gesellschaft dieser lieben braven Leute (die sich
Dir alle bestens empfehlen) zu seyn, verzögerte bisher noch
meine Abreise. Gestern wollte ich weg, konnte aber keine
Pferde kriegen — heute eben so; — denn alles will nun
eben jetzt abreisen, und die Anzahl der Reisenden ist sehr
groß; — morgen aber früh 5 Uhr geht es los — meine
Liebe! — Mir ist sehr leid und halb und halb doch fast
lieb, daß Du Dich in dem nehmlichen Falle befindest, in
welchem ich mich befand! doch nein! ich wünschte daß Du
Dich in dieser Lage nie befunden hättest, und hoffe sicher

daß, da ich dieses schreibe, Du gewiß wenigstens einen von
meinen Briefen in Händen haben wirst; wo das herkommen
mag, das weiß Gott! — ich habe Deinen Brief vom 13.
April den 21ten in Leipzig erhalten; — dann ohne Briefe
17 Tage in Potsdam zugebracht; — den 8ten May erhielt
ich erst Dein Schreiben vom 24ten April, und sonst gar
keines, ausgenommen gestern eines vom 5ten May. Ich
meinerseits schrieb Dir den 22ten April von Leipzig, den
28ten von Potsdam, den 5ten May wieder von Potsdam,
den 9ten von Leipzig, und nun den 16ten. Das Sonder=
barste ist, daß wir uns eben zur nehmlichen Zeit in der
nehmlichen traurigen Lage befanden; ich ängstigte mich
vom 24ten April bis 8ten May, und nach Deinem Brief
zu urtheilen war eben dies auch die Zeit Deiner Beküm=
merniß. Nun hoffe ich aber wirst Du es schon überstanden
haben, und überhaupt ist mein Trost, daß wir bald nicht
mehr der Briefe werden benöthiget seyn, sondern uns bald
mündlich sprechen und küssen und an unsere Herzen werden
drücken können. Ich schrieb Dir in meinem letzten, daß
Du mir nicht mehr schreiben sollst; — es ist auch das
sicherste. Nun bitte ich Dich aber mir auf diesen Brief zu
antworten, aber ihn nach Prag an Duschek zu addressiren;
Du mußt ein förmliches Couvert darüber machen und ihn
darinn ersuchen, den Brief bis auf meine Ankunft dahin
aufzubewahren; — ich werde wohl wenigstens 8 Tage in
Berlin zubringen; — auf diese Art werde wohl vor 5ten
oder 6ten Juny nicht in Wien sein können, — also in 10
oder 12 Tagen nach Empfang dieses Briefes. Noch eines,
— wegen Ausbleibung der Briefe; ich habe auch am 28ten
April an unsern lieben Freund Puchberg geschrieben; ich
bitte Dich mache ihm 1000 Empfehlungen und Dank=
sagungen in meinem Nahmen; — daß Schmidt krank war,

wußte ich gar nicht; das wird vermuthlich in dem Briefe
gestanden haben, den ich nicht erhalten habe. Ich danke
Dir recht sehr für den Brief von der N. N. Oper; — frey=
lich wäre es besser, wenn er Maaßmann hieße; wenn Du
ihn aber von Person kenntest, wie ich, so würdest Du
ihn wo nicht Blůzer=Mann doch wenigstens Zimmet=
Mann heißen[1]. — Lebe wohl, liebes Weibchen, erfülle
alle meine Bitten, so ich in meinen Briefen an
Dich thue, denn Liebe, wahre ächte Liebe war der Be=
weggrund hiezu, und liebe mich so wie ich Dich liebe. Ich
bin ewig Dein einzig wahrer Freund
und getreuer Gatte
W. A. Mozart.

Prag am Charfreytage den 10ten April 1789.
Liebstes, bestes Weibchen![2]

Heute Mittag um ½22 Uhr sind wir glücklich hier ange=
kommen; unterdessen hoffe ich, daß Du gewiß mein Brief=
chen aus Budwiz [Budweis] wirst erhalten haben. — Nun
folgt der Rapport von Prag. Wir kehrten ein beim Ein=
horn; nachdem ich balbirt, frisirt und angekleidet war, fuhr
ich aus in der Absicht, beim Canal zu speisen; da ich aber
bei Duschek vorbey mußte, fruge ich erstens dort an —
da erfuhr ich daß die Madame gestern nach Dresden abge=
reiset seye!!! — — — Dort werde ich sie also treffen.
Er speiste bei Zeliborn, wo ich auch öfters speiste — ich
fuhr also gerade da hin — ich ließ Duschek (als ob Jemand

---

[1] Gemeint ist der Componist Franz Seydelmann, dessen Oper
„Il Turco in Italia" am 28. April 1789 in Wien zur Aufführung
gelangte.

[2] Vgl. O. Jahn, 1. Ausg. III. 476, 2. Ausg. II. 712.

etwas mit ihm zu sprechen hätte) herausrufen. Nun kannst Du Dir die Freude denken. — Ich speiste also bei Zeliborn. Nach Tische fuhr ich zu Canal und Pachta, traf aber niemand zu Hause an; — ich gieng also zu Guardassoni, welcher es auf künftigen Herbst fast richtig machte mir für die Oper 200 Ducaten und 50 Ducaten Reisegeld zu geben. — Dann gieng ich nach Haus um meinem lieben Weibchen dies alles zu schreiben. — Noch was; — Ramm ist erst vor 8 Tagen von hier wieder nach Hause, er kam von Berlin und sagte, daß ihn der König sehr oft und zudringlich gefragt hätte, ob ich gewiß käme — und da ich halt noch nicht kam, sagte er wieder: ich fürchte er kömmt nicht. — Ramm wurde völlig bange, er suchte ihn das Gegentheil zu versichern. — Nach diesem zu schließen, sollten meine Sachen nicht schlecht gehen. — Nun führe ich den N. N. zu Duschek, welcher uns erwartet, und um 9 Uhr Abends gehen wir nach Dresden ab, wo wir morgen Abends eintreffen werden. — Liebstes Weibchen, ich sehne mich so sehr nach Nachrichten von Dir, — vielleicht treffe ich in Dresden einen Brief an! — O Gott, mache meinen Wunsch wahr. — Nach Erhaltung dieses Briefes mußt Du mir nach Leipzig schreiben, Poste restante versteht sich. — Adjeu — Liebe — ich muß schließen, sonst geht die Post ab. Küsse 1000mal unsern Karl, und ich bin Dich von ganzem Herzen küssend

Dein ewig getreuer

W. A. Mozart.

P. S. An Hr. und Frau von Puchberg alles erdenkliche, — ich muß es schon auf Berlin sparen ihnen zu schreiben, um ihm auch schriftlich unterdessen zu danken.

München den 2ten Novbr. 1790.

Liebstes, bestes
Herzens=Weibchen! —[1]

Was mir das weh thut, daß ich bis Linz warten muß um von Dir Nachricht zu haben, das kannst Du nicht glauben. Geduld; wenn man nicht weiß wie lange man sich an einem Orte aufhalten wird, so kann man auch keine bessern Anstalten treffen. — Ich habe (ohngeachtet ich gerne lange bei meinen alten Manheimer Freunden bleiben möchte) nur einen Tag hier bleiben wollen, nun muß ich aber bis den 5ten oder 6ten bleiben, weil mich der Churfürst wegen dem König von Neapel zur Academie gebeten hat, das ist wirklich eine Distinction — eine schöne Ehre für den Wiener Hof, daß mich der König in fremden Landen hören muß. — Daß ich mich mit Cannabichischen, la Bonne, Ramm, Marchand und Brochard gut unterhalte und recht viel von Dir meine Liebe gesprochen wird, kannst Du Dir wohl einbilden. — O ich freue mich auf Dich, denn ich habe viel mit Dir zu sprechen; ich habe im Sinne zu Ende künftigen Sommers diese Tour mit Dir, meine Liebe, zu machen, damit Du ein anderes Baad versuchst, dabey wird Dir auch die Unterhaltung, Motion und Luftveränderung Gutes thun, so wie es mir herrlich anschlägt; da freue ich mich recht darauf und alles freuet sich. —

Verzeihe wenn ich Dir nicht so viel schreibe als ich gerne möchte, Du kannst Dir aber nicht vorstellen wie das Gereisse um mich ist. — Nun muß ich gleich zu Cannabich, denn es wird mein Concert probirt. Adjeu liebes Weibchen. Auf diesen Brief kann ich nach meiner Rechnung keine Antwort mehr hoffen, in Linz hoffe ich aber ein paar Briefe

---

[1] Vgl. O. Jahn, 1. Ausg. III. 487, 2. Ausg. II. 720.

anzutreffen. Lebe wohl, meine Liebe; ich küsse Dich Millionenmal und bin ewig
            Dein Dich bis in den Tod liebender
                Mozart.

P. S. Die Gredel ist nun mit der Lebrun ihrem Bruder verheyrathet, heißt also Mad^me Danzi. Die Brochard Hannchen ist nun 16 Jahr alt, und ist leider durch die Blattern häßlich geworden, schade — die kann nicht genug von Dir sprechen — sie spielt ganz artig Clavier.

Liebstes bestes Weibchen!

Mit unbeschreiblichem Vergnügen erhielt ich die Nachricht des sichern Empfangs des Geldes. Ich kann mich nicht erinnern, daß ich Dir geschrieben hätte, Du sollst alles in Richtigkeit bringen. Wie könnt ich denn das als ein vernünftiges Geschöpf schreiben? — ist es so — so muß es sehr in Gedanken geschehen seyn! — wie es dermalen, da ich so viele wichtige Sachen im Kopfe habe, sehr möglich ist — meine Absicht war nur auf das Baad gerichtet — das Uebrige ist für Deinen Gebrauch — und was dann noch zu bezahlen ist, wovon ich schon so meine Rechnung gemacht habe, werde selbst bey meiner Hinkunft in Ordnung bringen. — Eben jetzt wird Blanchard entweder steigen — oder die Wiener zum 3ten male foppen. Die Historie mit Blanchard ist mir heute gar nicht lieb — sie bringt mich um den Schluß meines Geschäftes — N. N. versprach mir, bevor er hinausführe, zu mir zu kommen — kam aber nicht, — vielleicht kömmt er wenn der Spaß vorbey ist, — ich warte bis 2 Uhr, dann werf ich ein Bissen Essen hinein — und suche ihn aller Orten auf. — Das ist ein nicht gar zu angenehmes Leben. — Geduld! es wird schon beſſer kommen, ich ruhe dann in Deinen Armen aus! Ich danke Dir für Deinen Rath, mich nicht ganz auf N. N. zu verlaſſen, — aber in dergleichen Fällen muß man nur mit einem zu thun haben — wendet man ſich an 2 oder 3 — und das Geſchäft überall — ſo erſcheint man bey den andern, wo man es dann nicht annehmen kann, als ein Narr oder unverläßlicher Mann. — Nun kannſt Du mir aber kein größeres Vergnügen machen, als wenn Du vergnügt und luſtig biſt — denn wenn ich nur gewiß weiß, daß Dir nichts abgeht — dann iſt mir alle meine Mühe lieb und angenehm, — denn die fataleſte und verwirrteſte Lage, in der ich mich immer befinden könnte, wird mir zur Kleinigkeit, wenn ich weiß, daß Du geſund und luſtig biſt — und nun lebe recht wohl — benutze Deinen Tiſchnarren — denkt und redet oft von mir. — Liebe mich ewig wie ich Dich liebe, und ſey ewig meine Stanzi Marini, wie ich ewig ſeyn werde

Dein
S t u ! — Knaller paller
Schnip-schnap-schnur
Schnepeperl —
Snai! —

Gieb dem N. N. eine Ohrfeige, und ſag Du hätteſt eine Fliege todt ſchlagen müſſen, die ich ſitzen geſehen hätte! adjeu — fang auf — fang auf — bi — bi — bi 3 Byſſerln[1], zuckerſüße fliegen daher! —

Mittwoch Wien den 6ten July 1791.

---

[1] Buſſerln, Küſſe.

Budweis.

Liebstes Weibchen!

Unterdessen der Fürst¹ im Pferd-Handel begriffen ist, ergreif ich mit Vergnügen diese Gelegenheit um Dir, Herzensweibchen, ein paar Worte zu schreiben. — Wie geht es Dir? — Denkst Du wohl so oft auf mich, wie ich auf Dich? — alle Augenblicke betrachte ich Dein Portrait — und weine — halb aus Freude, halb aus Leide! — erhalt mir Deine mir so werthe Gesundheit und lebe wohl, Liebe! — Habe keine Sorge meinetwegen, denn auf dieser Reise weiß ich nichts von Ungemach — von Verdrüßlichkeit — nichts außer Deine Abwesenheit — welches, da es nun nicht anderst seyn kann, nicht zu ändern ist; — mit thränenden Augen schreibe ich dieses; — adjeu — von Prag schreibe ich Dir schon mehr und lesbarer, weil ich nicht so zu eilen brauche — adjeu — ich küsse Dich Millionen mal auf das zärtlichste und bin ewig Dein

bis an Tod getreuester
stu — stu — Mozart.

Küsse Karln in meinem Namen, auch Hrn. und Frau von Puchberg alles Erdenkliche — nächstens mehr.

P. S.² Als ich die vorige Seite schrieb, fiel mir auch manche Thräne auf das Papier, nun aber lustig — fange auf — es fliegen erstaunlich viele Busserl herum — — was Teufel — ich sehe auch eine Menge — — ha ha — — ich habe 3 erwischt, die sind kostbar! —

Du kannst mir auf diesen Brief noch antworten, aber Du mußt die Adresse à Linz Poste restante machen —

---

¹ Fürst Lichnowsky.
² Siehe Seite 41, Anmerkung 1.

das ist das Sicherste — da ich noch nicht gewiß weiß ob ich nach Regensburg gehe oder nicht, so kann ich auch nichts bestimmen — schreibe nur darauf, daß man den Brief liegen lassen soll, bis er abgeholt wird, adjeu liebstes, bestes Weiberl — gieb auf Deine Gesundheit acht — und gehe nur nicht zu Fuße in der Stadt, — schreib mir doch wie Du mit dem neuen Quartier[1] zufrieden bist. — Adjeu — ich küsse Dich Millionenmal.

Liebstes Herzens=Weibchen! —

Noch habe gar keine Nachricht auf keinen von meinen Frankfurter Briefen, welches mich nicht wenig beunruhiget — heut 11 Uhr war meine Academie, welche von Seiten der Ehre herrlich, aber in Betreff des Geldes mager ausgefallen ist. — Es war zum Unglück ein groß Dejeuné bei einem Fürsten und großes Manoever von den Hessischen Truppen, — so war aber alle Tage meines Hierseyns immer Verhinderung. Die — — kannst Du Dir nicht vorstellen, — ich war aber ohngeacht diesem allen so gut aufgelegt, und gefiel so sehr, daß man mich beschwor, noch eine Academie künftigen Sonntag zu geben[2] — Montag reise ich dann ab. — — Ich muß endigen, weil ich sonst die Post versäume. — Aus Deinen Briefen sehe ich, daß Du noch keinen Brief aus Frankfurt von mir empfangen hast, und ich habe Dir doch 4 geschrieben — dann glaube ich zu bemerken, daß Du an

---

[1] Es war die Wohnung in der Rauhensteingasse, die Mozart bis zu seinem Tode bewohnte. Vgl. O. Jahn a. a. O., 2. Ausg. II. 738.

[2] Aus dem Briefe geht hervor, daß Mozart damals zwei Akademien in Frankfurt gab. Nach bisheriger Annahme (vgl. Jahn's „Mozart", 2. Ausg. II. 458 f.) soll er nur eine gegeben haben. Jetzt ist es auch erklärlich, warum es zwei „Krönungsconcerte" (Köchel's Verz. Nr. 459 und 537) giebt.

meiner Accuratesse oder vielmehr an meinem Eifer zweifelst
Dir zu schreiben, welches mich sehr schmerzet. Du sollst
mich doch besser kennen — o Gott! liebe mich nur halb so
wie ich Dich liebe, dann bin ich zufrieden.
         Ewig Dein
            Mozart.
Frankfurt, den 15ten Octobr. 1790.

A Mons: Puchberg.
  Liebster Freund und Bruder!

Ich habe seit der Zeit als Sie mir so einen großen
Freundschaftsdienst erwiesen in Jammer gelebt, so daß ich
nicht nur nicht ausgehen, sondern auch nicht schreiben konnte,
aus lauter Gram. — Dermalen ist sie ruhiger; und wenn sie sich nicht auf=
gelegt hätte, welches ihre Lage fatal macht, würde sie
schlafen können; — man befürchtet nur, daß der Knochen
möchte angegriffen werden; — — sie giebt sich zum Er=
staunen in ihr Schicksal und erwartet Besserung oder Tod
mit wahrer philosophischer Gelassenheit, mit thränenden
Augen schreibe ich dieses. — Wenn Sie können, bester
Freund, so besuchen Sie uns; und wenn Sie können, so
stehen Sie mir mit Rath und That bey in bewußter
Sache.
            Mozart.

(An Puchberg.)
  Liebster Freund und O. Br. —

Ich bin hier um meine Opera zu dirigiren — Meiner
Frau geht es um ein weniges besser. — Sie fühlt schon
ein Bischen Linderung, sie wird aber 60mal baden müssen

— und das Spätjahr wieder hinaus wandern müssen — Gott gebe daß es helfen möge. — Liebster Freund, können Sie mich bey dermalen pressanten Ausgabe mit etwas unterstützen, o so thun Sie es; — ich bleibe aus Oeconomie in Baaden und gehe nur wenn es höchst nothwendig ist herein. — Nun bin ich gezwungen meine Quartetten (diese mühsame Arbeit) um ein Spottgeld herzugeben, nur um in meinen Umständen Geld in die Hände zu bekommen. — Nun schreibe auch deswegen an Clavier-Sonaten. — Adjeu — schicken Sie mir was Sie am leichtesten entbehren können. — Morgen wird in Baaden ein Amt von mir aufgeführt. Adjeu — (um 10 Uhr)   Ewig Ihr
                                                Mozart.

P. S. Ich bitte noch um die Bratsche.
(Den 12ten Juny 25 fl. gesandt.)

(An Puchberg.)
    Liebster Freund!
Ich danke Ihnen recht sehr für das Ueberschickte — Weil Sie verlangen, daß ich aufrichtig seyn soll, so will ich es seyn, jedoch mit der Bedingnüsse, daß Sie Herrn Deyerkauf keine Meldung davon machen, wenn Sie glauben daß ihn meine Aufrichtigkeit beleidigen könnte; hierinnen müssen Sie ihren Freund besser kennen als ich. —

Die Hauptsumme von den Musicalien macht 120 # — das ist 540 fl, — ich glaube, wenn ich 2 Drittheile herablasse, so ist es doch aller Ehren werth — da würde ich also in allem 180 fl. bekommen. Ich bin aufrichtig, weil Sie es wollen, und bitte Sie noch einmal von meiner Aeusserung keinen Gebrauch zu machen, wenn Sie vermuthen sollten, daß dieser mein Antrag Hr. Deyerkauf beleidigen könnte. —

Ich bin ewig ganz der Ihrige

Mozart.

A Mons: Puchberg.

Hier schicke ich Ihnen, liebster Freund, Händels Leben. — Als ich letzhin von Ihnen nach Hause kam, fand ich beyliegendes Billet von B. Swieten. Sie werden so wie ich daraus sehen, daß ich nunmehro mehr Hoffnung habe als allzeit. — Nun stehe ich vor der Pforte meines Glückes — verliere es auf ewig, wenn ich diesmal nicht Gebrauch davon machen kann. Meine gegenwärtigen Umstände sind aber — daß ich, bey all meinen angenehmen Aussichten, ohne der Hülfe eines biedern Freundes, meine Hoffnung zu meinem ferneren Glücke ganz für verlohren geben muß; — Sie werden an mir die Zeither immer etwas trauriges bemerket haben — und nur die zu vielen Gefälligkeiten, die Sie mir schon erwiesen haben, hießen mich schweigen; aber nur noch einmal und zum letztenmale, im allernothwendigsten Augenblike, welcher mein ganzes ferneres Glück entscheidet, rufe ich Sie voll des Zutrauens in Ihre mir bewährte Freundschaft und Bruderliebe an, mir nach Ihrer ganzen Möglichkeit beyzustehen. Sie wissen, wie mir meine dermaligen Umstände, wenn Sie kund würden, in meinem Gesuche bey Hofe schaden würden — wie nöthig es ist, daß dies ein Geheimnis bleibe; denn man urtheilt bey Hofe nicht nach den Umständen, sondern leider blos nach dem Schein. Sie wissen, sind gewis ganz überzeugt, daß wenn ich, wie ich dermalen gewis zu hoffen habe, in meinem Gesuche glücklich bin, Sie ganz gewis nicht verlohren haben — mit welchem Vergnügen

werde ich Ihnen dann meine Schulden abzahlen! — mit welchem Vergnügen Ihnen danken! — und mich überdies ewig als Ihren Schuldner anerkennen! — welch eine angenehme Empfindung, wenn man endlich seinen Zweck erreicht hat! — welch eine seelige Empfindung, wenn man dazu geholfen hat — meine Thränen lassen mich das Bild nicht ganz ausmalen — Kurz! — mein ganzes ferneres Glücke ist in Ihren Händen — handeln Sie nach Ihrem edeln Herzen — thun Sie was Sie können und denken Sie daß Sie mit einem rechtschaffenen, ewig dankbaren Manne zu thun haben, dem seine Lage mehr wegen Ihnen als wegen seiner selbst schmerzhaft ist! — Mozart.
(150 fl. gesandt.)

Dresden den 16ten April 1789.
Nachts um halb 12 Uhr.

Liebstes, bestes Weibchen!

Wie? noch in Dresden? — Ja meine Liebe, ich will Dir alles haarklein erzählen; — Montags den 13ten, nachdem [1] . . . . .

Samstags Nachts um 1/2 11 Uhr.

Liebstes, bestes Weibchen! — [2]

Mit größtem Vergnügen und Freuden-Gefühle fand ich

---

[1] Siehe Nohl's „Mozarts Briefe", 2. Aufl., S. 436. Jedoch sind einige Abweichungen zu bemerken. Statt der Worte bei Nohl (S. 437 Z. 1) „nicht aufhalten" hat unsere Vorlage die Worte: „nicht lange aufhalten"; statt (S. 437 Z. 11 v. u.) „in Süßen": „in den Süßen"; statt (S. 438 Z. 15) „ich wieder einen Brief": „ich einen Brief"; statt (S. 438 Z. 23) „achtest": „acht hast"; statt (S. 438 Z. 29) „gestellt hätte": „gestellt gehabt hätte"; statt (S. 439 Z. 10) „stru! stri!": „stu! stu!" u. s. w.

[2] Vgl. O. Jahn, 2. Ausg. II. 724.

bey meiner Zurückkunft aus der Oper Deinen Brief. Die
Oper ist, obwohl Samstags allezeit wegen Posttag ein
schlechter Tag ist, mit vollem Theater mit dem gewöhnlichen
Beifall und Repetitionen aufgeführt worden. Morgen wird
sie noch gegeben aber Montag wird ausgesetzt — folglich
muß Süßmayer den Stoll Dienstag herein bringen, wo
sie wieder zum ersten mal gegeben wird; ich sage zum ersten
male, weil sie vermuthlich wieder etliche mal nach einan=
der gegeben werden wird. Jetzt habe ich eben ein kostbares
Stück Haasen zu Leib genommen, welches mir D. Primus
(welcher mein getreuer Kammerdiener ist) gebracht hat —
und da mein Appetit heute etwas stark ist, so schickte ich
ihn wieder fort mir noch etwas, wenn es möglich ist, zu
bringen. In dieser Zwischenzeit fahre ich also fort Dir zu
schreiben. Heute früh habe ich so fleißig geschrieben, daß
ich mich bis ½2 Uhr verspätet habe — lief also in größter
Eile zu Hofer (nur um nicht alleine zu essen, wo ich die
Mamma auch antraf. Gleich nach Tisch gieng ich wieder
nach Hause und schrieb bis zur Opernzeit. Leitgeb bat mich
ihn wieder hinein zu führen und dies that ich auch. Mor=
gen führe ich die Mamma hinein; das Büchel hat ihr schon
vorher Hofer zu lesen gegeben. Bei der Mamma wirds wohl
heißen, die schauet die Oper, aber nicht die höret die
Oper. N. N. hatte heute eine Loge. N. N. zeugten über
alles recht sehr ihren Beifall, aber Er, der Allwissende,
zeigte so sehr den Bayern, daß ich nicht bleiben konnte,
oder ich hätte ihn einen Esel heißen müssen. Unglücksee=
ligerweise war ich eben drinnen als der 2te Act anfieng,
folglich bei der feyerlichen Scene, — er belachte alles.
Anfangs hatte ich Geduld genug ihn auf einige Reden auf=
merksam machen zu wollen, allein — er belachte alles; —
da wards mir nun zu viel — ich hieß ihn Papageno

und gieng fort — ich glaube aber nicht daß es der Dalk
verstanden hat. Ich gieng also in eine andere Loge, worinn
sich Flamm mit seiner Frau befand. Da hatte ich alles
Vergnügen und da blieb ich auch bis zu Ende. Nur gieng
ich auf das Theater bey der Aria des Papageno mit dem
Glockenspiel, weil ich heute so einen Trieb fühlte es selbst
zu spielen; — da machte ich nun den Spaß, wie Schika=
neder einmal eine Haltung hat, so machte ich ein Arpeggio
— der erschrack — schauete in die Scene und sah mich —
als es das 2te mal kam machte ich es nicht — nun
hielte er und wollte gar nicht mehr weiter — ich er=
rieth seine Gedanken und machte wieder einen Accord —
dann schlug er auf das Glöckchenspiel und sagte halts
Maul — alles lachte dann — ich glaube daß Viele durch
diesen Spaß das erste mal erfuhren daß er das Instrument
nicht selbst schlägt. Uebrigens kannst Du nicht glauben,
wie charmant sich die Musik ausnimmt in einer Loge die
nahe am Orchester ist — viel besser als auf der Gallerie.
Sobald Du zurück kömmst must Du es versuchen. —

Sonntag um 7 Uhr früh. — Ich habe recht gut
geschlafen, hoffe daß Du auch recht gut wirst geschlafen
haben. Ich habe mir mein halbes Kapaunerl, so mir
Freund Primus nachgebracht hat, herrlich schmecken lassen.
Um 10 Uhr gehe ich zu den Piaristen ins Amt, weil mir
Leitgeb gesagt hat, daß ich dann mit dem Directeur
sprechen kann, — bleibe auch beym Speisen da.

Primus sagte mir gestern Abends daß so viele Leute in
Baaden krank seyen, ist das wahr? — Nimm Dich in Acht;
traue nur der Witterung nicht. — Nun kömmt eben Primus
mit der Ochsen=Post zurück, daß der Wagen heute schon vor
7 Uhr weggefahren ist und daß bis Nachmittag keiner ab=
gehet — folglich hat all mein Nacht= und Frühschreiben nichts

genützt, Du bekömmst den Brief erst Abends, welches mich verdrüßt. Künftigen Sonntag komme ich ganz gewis hinaus — dann gehen wir alle zusammen auf das Casino — und dann Montag zusammen nach Hause. — Lechleitner war schon wieder in der Oper; wenn er schon kein Kenner ist, so ist er doch wenigstens ein rechter Liebhaber, das ist aber N. N. nicht — der ist ein wahres U n d i n g — dem ist ein Dinée lieber. — Lebe wohl, Liebe! — ich küsse Dich Millionen mal und bin ewig Dein

Mozart.

P. S. Küsse die Sophie in meinem Namen; dem Süßmayer schicke ich ein paar gute Nasenstüber und einen braven S ch o p f b e i t l e r, dem Stoll 1000 Complimente. Adjeu. Die Stunde schlägt — — lebe wohl! — wir sehen uns wieder![1] —

NB. Du must vermuthlich die 2 paar gelbe Winterhosen zu den Stiefeln in die Wäsche geschickt haben, weil ich und Joseph sie vergebens suchten. — Adjeu.

Berlin den 23ten May 1789.

Liebstes, bestes, theuerstes
Weibchen! —[2]

Mit außerordentlichem Vergnügen habe Dein liebes Schreiben vom 13ten hier erhalten; — diesen Augenblick aber erst Dein Vorhergehendes vom 9ten May weil es von Leipzig retour nach Berlin machen muste. — Das erste ist . . . . . .

---

[1] Worte aus der Zauberflöte. (Nr. 19. Terzett.)
[2] Siehe O. Jahn, 1. Ausg. III. 481, 2. Ausg. II. 717, wo der Brief nach dem Original mitgetheilt ist.

Ma très chère Epouse!

J'ecris cette lettre dans la petite chambre au jardin chez Leitgeb ou j'ai couché[1] . . . . . .

---

[1] Siehe Nohl's „Mozarts Briefe", 2. Aufl. S. 454. Jedoch sind einige Abweichungen zu bemerken. Statt „passé" (bei Nohl S. 454, Z. 19) heißt es in unserer Vorlage: „passée", statt „part d'Anlain" (S. 454, Z. 5 v. u.): „partie d'Antoin", statt „ißt" (S. 455, Z. 7): „frißt", statt „½ Küsse" (S. 455, Z. 12): „ein Byssel". Bei letzterem Worte bringt die Vorlage das erklärende Wort „Küsse" und bei den Worten „so macht sie's!" die Randbemerkung: „Man weiß, daß er in dem Gebrauch seiner Hände außer dem Clavier sehr ungeschickt war, daß er nicht Fleisch schneiden konnte und daß seine Frau ihm das Fleisch wie einem Kinde schnitt". — Die in dem Briefe mit den Worten „la cinquième partie d'Antoin" gemeinte Operette („Anton bei Hofe" — oder: „Der fünfte Theil der zwei Antons") wurde zum ersten Mal aufgeführt am 4. Juni 1791. Vgl. Seite 75 und Gerber's Neues Lexikon IV. 35.

II.

Mittheilungen der Schwester Mozart's.

Data
zur Biographie des verstorbenen Tonkünstlers
Wolfgang Mozart.

1) Johannes Chrisostomus Wolfgang Gottlieb Mozart ist den 27. Januar 1756 in Salzburg gebohren.

2) Sein Vater, Leopold Mozart, Buchbindersjohn von Augsburg, wurde daselbst den 14ten Novbr. 1719 gebohren. Er kam um zu studieren auf die hohe Schule nach Salzburg, wurde dann Kammerdiener bei Herrn Grafen von Thurn, Domherr daselbst, kam dann als Hofmusicus in die hochfürstlichen Dienste im Jahr 1743. Er verehelichte sich im Jahr 1743[1] den 21ten Novbr. mit Maria Anna Pertlin, des im Leben gewesenen hochfürstlich Salzburgischen Pflegs-Commissarii zu Hüttenstein[2] hinterlassenen Tochter, welche im Jahr 1720 den 25. Decbr. in dem Salzburgischen Markt St. Gilgen gebohren war.

Er beschäftigte sich immer neben seinem Dienst bey Hofe und in der Metropolitan-Kirche mit Unterweisung auf der Violin und mit Componiren. Er gab 1756 ein Buch im Druck heraus: Versuch einer gründlichen Violin-Schule, welche im Jahr 1770 das 2te mal aufgelegt wurde.

---

[1] Wohl ein Schreibfehler. O. Jahn giebt in seiner Biographie Mozart's (1. Ausgabe I. 24, 2. Ausg. II. 589) 1747 als das Jahr der Verheirathung an. Nissen hat (Biogr. S. 12) auch 1743.

[2] Im Salzburger Kirchenbuche ist nach O. Jahn (a. a. O.) „Hildenstein" angegeben. Ein Ort dieses Namens bei St. Gilgen ist nicht bekannt, wohl aber das Schloß „Hüttenstein".

(Im Anfange des Jahrs 1762 wurde der Vater Vice-Capellmeister am Hofe des fürstl. Erzbischoffen zu Salzburg.)

Da ihm von 7 Kindern nur eine Tochter Maria Anna und dieser Sohn Wolfgang Gottlieb beym Leben blieben, so gab er sowohl die Unterweisungen auf der Violin als auch das Componiren ganz auf, um außer seinem hochfürstlichen Dienste die übrige Zeit auf die Erziehung seiner 2 Kinder zu wenden.

Der Sohn war damals 3 Jahr alt, als der Vater seine 7jährige Tochter anfieng auf dem Clavier zu unterweisen. Der Knabe zeigte gleich sein von Gott ihm zugeworfenes außerordentliches Talent. Er unterhielte sich oft lange Zeit bei dem Clavier mit Zusammensuchen der Terzen, welche er immer anstimmte, und sein Wohlgefallen verrieth, daß es wohl klang. Im 4ten Jahr seines Alters fieng sein Vater so zu sagen spielend an ihm auf dem Clavier einige Menuetten und Stücke zu lehren. Es kostete sowohl seinem Vater als diesem Kinde so wenig Mühe, daß es in einer Stunde ein Stück und in einer halben Stunde eine Menuet so leicht lernte, daß es solches dann ohne Fehler, mit der vollkommensten Nettigkeit und auf das genaueste nach dem Tact spielte. Es machte solche Fortschritte, daß es mit 5 Jahren schon kleine Stückchen componirte, welche es seinem Vater vorspielte, der es dann zu Papier setzte.

3) Im 6ten Jahr seines Alters machte der Vater mit ihm[1] die erste Reise nach München, wo sich beide Kinder beim Churfürsten hören ließen. Nachdem sie sich 3 Wochen alda aufgehalten, kamen sie wieder nach Salzburg zurück.

4) Da sich die Kinder immer mehr auf dem Clavier perfectionirten, so machte die Mozart'sche Familie (die

---

[1] Soll wohl heißen: mit ihnen, mit den Kindern.

Mozart'sche Familie bestand in dem Vater, Mutter, Sohn und Tochter) den 18. Septbr. 1762 eine Reise über Passau, Linz nach Wien, wo die Kinder sich in wenig Tagen nach ihrer Ankunft bey dem kaiserlichen Hofe producirten; machten auch eine kleine Reise nach Preßburg und kamen im Jan. 1763 nach Salzburg zurück. Es dauerte über 3 Stunden, daß sie sich bey den kaiserlichen Majestäten aufhielten, wo sich nur die großen Erzherzoge und Erzherzoginnen befanden. Der Kaiser Franz sagte unter anderm zu dem Sohn: es wäre keine Kunst, mit allen Fingern zu spielen, aber dieß wäre erst künstlich, wenn man das Clavier bedeckte. Darauf spielte das Kind gleich mit einem Finger mit der größten Fertigkeit, ließ sich auch die Claves bedecken und spielte darauf, als wenn er es schon oft genug geübet hätte.

Den 9ten Juni 1763 machte die Mozart'sche Familie eine Reise nach München, Augsburg, Ulm, Ludwigsburg, Bruchsal, Schwetzingen, Heidelberg, Mannheim, Worms, Mainz, Frankfurt am Mayn, Mainz, Coblenz, Bonn, Brühl, Cölln, Aachen, Lüttich, Tirlemont, Löwen, Brüssel, Mons, Paris, wo sie den 18. Novbr. 1763 ankamen.

(In München ließen sich die Kinder wieder beym Churfürsten hören. Der Knabe spielte auch da ein Concert auf der Violin und praeambulirte schon aus dem Kopf. Auch bey Herzog Clemens spielten sie. In Augsburg gaben sie 2 Academien. In Heidelberg spielte der Sohn die Orgel in der heil. Geist-Kirche. In Mannheim ließen sie sich beym Churfürsten von der Pfalz hören. In Frankfurt gaben sie 4 Academien. In Mainz gaben sie 2 Academien; der Churfürst war krank, konnten sich also bei ihm nicht hören lassen. In Coblenz spielten sie beim Churfürsten. Cöln: der Churfürst war in Westphalen, konnten sich also nicht hören lassen. In Aachen gaben sie eine Academie. In

Bruxelles gaben sie eine Academie. In den übrigen Orten hielten sie sich nur so lange auf, bis sie die Merkwürdigkeiten gesehen hatten.)

Sie ließen sich in Versailles bey der königl. Familie hören; auch spielte der Sohn in der Hof=Capelle in Versailles vor dem ganzen Hof mit allem Beyfall die Orgel.

Sie gaben auch 2 große Academien in einem Privat=Saal, nachdem sie sich in Paris 21 Wochen aufhielten. In Paris machte der Sohn seine 2 ersten Werke auf das Clavier. Das erste dedicirte er der Madame Victoire, der 2ten Tochter des Königs. Das 2te dedicirte er der Mad: La Comtesse de Tesse; er war damals 7 Jahr alt. Beyde Werke sind in Paris gestochen.

Gleich nach ihrer Ankunft in Paris wurden die Kinder und der Vater in Kupfer gestochen.

Dann reiste die Mozart'sche Familie den 10. April 1764 über Calais nach England, wo sie den 22ten April in London ankamen. Den 27ten April ließen sich die Kinder bey beyden königl. Majestäten hören. Den 19. May waren sie wieder bey dem König und der Königin. Der Sohn spielte auch auf der Orgel des Königs, und alle schätzten sein Orgelspielen weit höher als sein Clavierspielen. Sie gaben den 5ten Juni ein Benefit oder große Academie zu ihrem Vortheile. Den 5ten August mußten sie außer der Stadt London in Chelsea ein Landhaus miethen, damit sich der Vater von einem gefährlichen Halswehe erholen konnte, welches ihn fast am Rande des Todes brachte. Wäre der Vater nicht krank geworden, würden sie nach Tunbridge gereist seyn, wo die größte Noblesse sich da im Baade versammelte. Da sich der Vater endlich in 2 Monaten vollkommen erholte, kehrten sie wieder nach London zurück. Der Sohn componirte hier 6 Sonaten fürs Clavier, ließ solche stechen und dedicirte sie der Königin; er war 8 Jahr alt.

Sowohl in Paris als in London legte man dem Sohne verschiedene schwere Stücke von Bach, Händel, Paradies und andern Meistern vor, und alles spielte er nicht nur allein vom Blatte weg, sondern auch mit dem angemessensten Tempo und Nettigkeit.

Da er beym Könige von England spielte, so nahm er eine glatte Baßstimme und spielte die schönste Melodie darüber. Der Sohn sang auch Arien mit der größten Empfindung. Die Kinder spielten nun auch überall Concert auf 2 Claviere. Bey voriger großen Academie[1] wurden alle Symphonien von der Composition des Sohnes gemacht. Den 29. Juni war das Benefit zum Nutzen des Hospitals des femmes en couches.[2] Der Vater ließ seinen Sohn auch da ein Concert auf der Orgel gratis spielen. Herr Johann Christian Bach, Lehrmeister der Königin, nahm den Sohn zwischen die Füße; jener spielte etliche Tacte, dann fuhr der andere fort, und so spielten sie eine ganze Sonate, und wer solches nicht sahe, glaubte, es würde diese von einem allein gespielt. Den 25. October spielten sie wieder beym König und der Königin. Den 21ten Febr. 1765 gaben sie wieder zu ihrem Vortheile ein Benefit.

Nachdem sie sich nun bey der größten Noblesse hatten hören lassen, reisten sie den 24. Juli 1765 von London ab nach Canterbury, Dover, wo sie einen so guten Wind hatten, daß sie die Ueberfahrt nach Calais in 3½ Stunden machten. Von da giengen sie nach Dünkirchen, wo sie alles

---

[1] Nämlich bei der am 5. Juni 1764 stattgefundenen Akademie.
[2] Nach Leopold Mozart's Brief vom 28. Juni 1764 fand das Benefiz in Ranelagh (im Saale des Ranelagh=Gartens) statt. — Vgl. C. F. Pohl's „Mozart in London" S. 105.

Merkwürdige besahen; in Lille mußten sie sich wegen einer Unpäßlichkeit des Vaters und Sohnes einige Zeit aufhalten. Hierauf reisten sie nach Gent, wo der Sohn bey den Bernardinern die Orgel spielte; alsdann nach Antwerpen; hier spielte der Sohn die große Orgel in der Cathedral-Kirche. In Moerdyk ließen sie sich über einen kleinen Arm des Meeres überfahren. Von der andern Seite fuhren sie in der Kutsche nach Rotterdam, von da auf einem Schiffe nach Haag, wo sie im Septbr. 1765 anlangten. Da die Tochter gleich nach ihrer Ankunft erkrankte, so war der Vater mit seinem Sohne 2mal allein bey dem Prinzen von Oranien und einmal bey der Prinzessin, seiner Schwester.

Da sich die Tochter endlich wieder von ihrer gefährlichen Krankheit ein wenig erholte, so verfiel der Sohn den 15. Novbr. in eine gefährliche Krankheit, welche ihn 4 Wochen im Bette hielte. Wie sich der Sohn von seiner Krankheit gebessert hatte, componirte er 6 Sonaten fürs Clavier, ließ sie stechen und dedicirte solche der Prinzessin von Nassau-Weilburg; er war damals 9 Jahre alt.

Nachdem sich die beiden Kinder nach 4 Monaten erst ganz vollkommen erholt hatten, reisten sie zu Ende des Monats Januar 1766 nach Amsterdam, blieben da einen Monat, reisten wieder nach Haag zu dem Institutions-Feste des Prinzen von Oranien, welches den 11. März gehalten wurde. In Haag componirte der Sohn zu dieser Festlichkeit ein Quodlibet auf alle Instrumente[1], zweierley Variationes für das Clavier[2] und einige Arien für die Prinzessin[3]. Sie spielten öfters bey dem Prinzen, und nachdem sie sich wieder 5 Wochen in Haag aufgehalten, reisten sie wieder über Harlem

---

[1] S. Köchel's Verz. Nr. 32.
[2] Ebenda Nr. 24 und 25.
[3] Darunter die Arie bei Köchel Nr. 23.

(in Harlem spielte der Sohn die große Orgel) nach Amsterdam, Utrecht, Rotterdam, Moerdyk, Antwerpen, Mecheln, Brüssel, Valenciennes und nach Paris, wo sie zu Ende April 1766 ankamen. Seit ihrem Aufenthalt aber in Paris waren sie 2mal in Versailles. Sie hielten sich in Paris 2 Monate auf. Den 9ten Juli 1766 verließen sie Paris, begaben sich nach Dijon; in Dijon blieben sie 14 Tage; alsdenn nach Lyon, Genève, Lausanne und Bern. (In Lyon 4 Wochen, in Genève 3 Wochen, in Lausanne hielten sie sich wegen dem Prinzen Louis von Württemberg 8 Tage[1] auf.) Von Bern nach Zürich und über Winterthur nach Schaffhausen. In Zürich blieben sie 14 Tage[2]. Von Schaffhausen nach Donaueschingen, wo sie 14 Tage lang und zwar täglich bei dem Fürsten von Fürstenberg Musik machten. Von Donaueschingen nach Ulm, Dillingen (in Dillingen ließen sich die Kinder beym Fürsten hören), Augsburg, München, wo sich die Kinder wieder beym Churfürsten hören ließen. Der Sohn mußte beym Churfürsten ein Thema zu Papier setzen und solches ausführen, welches ihm der Churfürst vorsang. Er that solches in Gegenwart des Churfürsten, ohne ein Clavier oder Violine zu gebrauchen; wie er damit fertig war, spielte er es; sowohl der Churfürst als die andern, die solches hörten, waren voll Erstaunen. Endlich kamen sie wieder nach einer Reise von 3½ Jahren zu Ende des Monats Novbr. 1766 glücklich in Salzburg an.

Den 11. September 1767 reiste die Mozart'sche Familie nach Wien zu denen Festivitäten, welche in Wien wegen

---

[1] Nach Nissen (S. 117) nur 5 Tage. Vgl. auch O. Jahn, 2. Ausg., I. 46.

[2] Daß Mozart in Zürich „Concert" gegeben habe, wird in der Leipziger Allg. Musik. Zeitung vom 3. Juli 1816 (S. 458 erwähnt.

der Vermählung der Erzherzogin Josepha mit dem König von Neapel veranstaltet wurden. Sie waren kaum angekommen, so starb die Erzherzogin. Da alles wegen diesem Todesfall in Trauer war, wollten sie gleich wieder fortreisen, aber da der Kaiser öfters von ihnen sprach, so ließ man sie nicht fortreisen, weil man nicht sicher war, ob er sie nicht rufen ließ. Da aber auch die Erzherzogin Elisabeth krank wurde, ließen sie sich nicht mehr aufhalten und reisten nach Brünn und Olmütz. (Der Vater eilte auch deswegen von Wien fort, da die Blattern in Wien so stark grassirten und seine Kinder solche noch nicht gehabt hatten.) Da sich der Sohn bey ihrer Ankunft in Olmütz nicht wohl befand, so machte der Vater allein einen Besuch bey dem Grafen von Podstatsky, Domdechant alda, welcher auch zugleich Domherr in Salzburg war. Nun bekam der Sohn die Blattern und auch hernach die Tochter. Da der Graf Podstatsky von dem Vater erfuhr, daß er fürchte, der Sohn möchte die Blattern bekommen, gab er der ganzen Familie in der Domdechantey, wo er selbst wohnte, eine schöne Wohnung und Tafel, wo die Kinder auch glücklich die Blattern überstanden haben. Nachdem sie vollkommen hergestellt waren, reisten sie den 23ten December 1767 nach Brünn und dann wieder nach Wien, wo sie den 10. Jan. 1768 ankamen. Den 19. Jan. ließen sich die Kinder beym Kaiser Joseph hören; es war niemand dabei als die Kaiserin Maria Theresia, Prinz Albert von Sachsen und die Erzherzoginnen. Es wurde auch wegen den Kindern eine große Academie beym Prinz Gallitzin, dem russischen Gesandten, gegeben.

Der Vater ließ beym Hasse, Poeten Metastasio, duc de Braganza und Fürsten Kaunitz an jedem Ort die erste beste welsche Arie aufschlagen, und der Sohn componirte in Gegenwart dieser Personen die Musik mit allen Instrumenten dazu.

Der Kaiſer ſagte dem Sohne, er möchte eine Opera ſchreiben. Der Kaiſer ließ es auch dem Impresario, welcher das Theater in Verpacht hatte, wiſſen. Der Impresario machte auch mit dem Vater alles richtig. Der Sohn componirte die Opera. Sie wurde aber nicht aufgeführt — — — obwohl der Capellmeiſter Haſſe, der Poet Metaſtaſio ſolche ungemein lobten. Die Opera hieß: La finta semplice.[1]

---

[1] Später kam die Oper in Salzburg zur Aufführung. Eine uns von anderer Seite zugekommene Abſchrift des Salzburger Theaterzettels lautet:

La Finta Semplice Dramma Giocoso per Musica
Da rappresentarsi in corte per ordine di S. A. Reverendissima
Monsignor
Sigismondo Arcivescovo
e Prencipe
di Salisburgo.
Prencipe del S. R. I.
Legato Nato della S. S. A.
Primate della Germania e dell antichissima famiglia
dei conti di SCHRATTENBACH, etc. etc.
Salisburgo Nella Stamparia di Corte 1769.
Personaggi.

Fracasso Capitano Ungarese
Il Sig. Giuseppe Meisner.

Rosina Baronessa Sorella di Fracasso, la quale si finge Semplice
La Sig. Maria Madalena Haydn.

Giacinta, sorella di Don Cassandro e Don Polidoro
La Sig. Maria Anna Braunhofer.

Ninetta Cameriera
La Sig. Maria Anna Fösomair.

Don Polidoro Gentiluomo sciocco Fratello di Cassandro
Il Sig. Francesco Antonio Spizeder.

Don Cassandro Gentiluomo sciocco ed Avaro Fratello di Polidoro
Il Sig. Giuseppe Hornung.

Simone Tenente del Capitano
Il Sig. Felice Winter.

Tutti in attual servizio di S. A. Reverendissima etc.
La Musica è del Signor Wolfgango Mozart in Età die Anni dodici.

Bei der Benedicirung der Waisenhaus-Kirche auf der Landstrasse tactirte dieser 12jährige Knabe das Amt in Gegenwart des kaiserlichen Hofes. (Der Sohn componirte das Amt, das Offertorium [1] und ein Trompeten-Concert dazu.) Im Decbr. 1768 kamen sie wieder zurück nach Salzburg. Den 12. Decbr. 1769 reiste der Vater mit dem Sohne allein nach Italien über Inspruck, Bozen, Roveredo, Verona, Mantua, Mayland, wo sie den 25. Jan. 1770 anlangten. (Ehe sie die Reise nach Italien 1769 machten, wurde der Sohn Concert-Meister bey dem hochfürstl. Salzburg. Hof-Orchester.)

In Inspruck beym Grafen N. N. wurde eine Academie gegeben, wo der Sohn ein Concert prima vista spielte. In Roveredo spielte der Sohn die Orgel in der Hauptkirche, wo eine erstaunliche Menge Volks versammelt war. In Verona wurde eine Academie veranstaltet. Der Sohn spielte auch auf der Orgel in der Kirche St. Tomaso, wo sie vor der Menge des Volks nicht durch die Kirche zur Orgel kommen konnten; sie mussten durch das Kloster gehen. In Mantua wurden sie zu dem wöchentlichen Concert in dem Saal der Accademia filarmonica eingeladen. In Mayland machte er zwei lateinische Motetten für 2 Kastraten; er componirte auch verschiedene italiänische Arien und Symphonien. Der Sohn zeichnete sich besonders hier in Gegenwart des Maestro Sammartino und einer Menge der geschicktesten Leute in verschiedenen Proben seiner Wissenschaft aus. Es waren mehrere Academien in dem gräflichen Firmiani'schen Hause, wo sich der Herzog und die Prinzessin von Modena auch einfanden. Nachdem der Sohn die Scrittura zu der ersten Oper für den Carnaval 1771 bekommen

---

[1] Köchel's Verz. Nr. 49 und 47.

hatte, reisten sie den 15. März 1770 nach Parma, Bologna, Florenz, nach Rom, wo sie in der Charwoche ankamen. Mittwoch Nachmittags verfügten sie sich alsogleich in die Capellam Sixtinam, um das so berufene Miserere zu hören, und da der Sage nach solches abcopieren zu lassen unter der Excommunication der päbstl. Musik solle verboten seyn, so nahm sich der Sohn vor, solches wohl zu hören, und dann aufzuschreiben. Das geschahe auch; wie er nach Hause kam, schrieb er es auf; den folgenden Tag gieng er wieder hin, hielt seinen Aufsatz in dem Hut, um zu bemerken, ob er es getroffen oder nicht. Allein es wurde ein anderes Miserere gesungen. Am Charfreytag hingegen wurde das erstere abermahl wiederholt. Nachdem er nach Hause kam, machte er da und dort eine Ausbesserung, dann war es fertig. Das wurde nun bald in Rom bekannt; er mußte es in einer Academie beim Clavier singen. Der Castrat Christophori, der es in der Capelle sang, war zugegen.

Zu Bologna[1] war der Lärm am größten, denn der Pater Maestro Martini, jener starke Contrapunctist, war sammt allen übrigen Capellmeistern ganz außer sich, als ihm der Sohn über jedes Fugen=Thema, das ihm der Padre Martini hinschrieb, die dazu gehörige Risposta nach dem rigore modi angab und die Fuga augenblicklich auf dem Clavier aus=führte.

In Florenz wurden sie sogleich zum Großherzog gerufen, bey dem sie sich 5 Stunden aufhielten. Die Verwunderung war hier um so größer, da der Marchese Ligniville, Musik=

---

[1] Die Erzählung ist von hier an nicht ganz chronologisch. Der Aufenthalt in Bologna und Florenz fand vor dem ersten Aufenthalt in Rom statt; von Rom wurde nach Neapel gereist; von hier ging es wieder nach Rom und dann wieder nach Bologna, wo Mozart zum Maestro der Accademia filarmonica ernannt wurde.

direktor, ein starker Contrapunctist, dem Sohn die schwersten Fugen vorlegte und die schwersten Themata aufgab, welche er gleich vom Blatte wegspielte und ausführte. In Fiorenza machte der Sohn Bekanntschaft mit einem Engländer Tomaso Linley, ein Knab von 14 Jahren im nehmlichen Alter wie der junge Mozart, ein Schüler des berühmten Violinspielers Nardini. Dieser Knabe spielte recht bezaubernd die Violin. Dieser Engländer und der junge Mozart producirten sich abwechselnd, nicht wie Knaben, sondern als Männer. Linley kam noch den Tag ihrer Abreise zu ihnen, gab dem jungen Mozart unter vielen Umarmungen und Thränen eine Poesie, welche er von der Sigra. Corilla hatte verfertigen lassen, und begleitete ihren Wagen bis zum Stadtthor.

Neapel im Conservatorio alla pietà: da der Sohn spielte, verfielen sie alle auf den Gedanken, in seinem Ringe stecke die Zauberey; er zog den Ring ab, und dann war erst alles voll Verwunderung. In Neapel gaben sie eine große Academie bey dem kaiserl. Gesandten Gr. Kaunitz.

Zu Bologna wurde der Sohn den 9. Octobr. 1770 mit einhelliger Stimme als Mitglied und Maestro della Accademia filarmonica aufgenommen. Er wurde ganz allein eingesperrt, mußte eine vorgegebene Antiphona vierstimmig setzen, mit welcher er in einer halben Stunde fertig war. Da wurde ihm das Diploma überreicht. Wenn der Sohn nicht schon die Scrittura zu der ersten Carnaval-Opera 1771 nach Mayland gehabt hätte, so würde er solche zu Bologna, Rom oder zu Neapel bekommen haben.

Von Neapel reisten sie nach Rom wieder zurück. Der Pabst wollte den Sohn sehen und gab ihm das Kreutz und Breve als militiae auratae eques.

Den 10ten Juli reisten sie nach Civita castellana, wo

der Sohn in der Domkirche die Orgel spielte, Loretto, Sinigaglia, Bologna. Hier mußten sie sich länger aufhalten, weil sie auf der Reise umgeworfen wurden und der Vater sich am Fuß beschädiget hatte. Sie giengen dann mit dem Feldmarschall Grafen Pallavicini auf sein Landgut, bis der Fuß völlig wieder geheilet war; wäre dieser Zufall nicht gewesen, würden sie wieder nach Florenz, Pisa, Livorno und über Genua nach Mayland gegangen sein; so mußten sie schnurgerade nach Mayland gehen, wo sie zu Ende October ankamen. Hier componirte der Sohn die Opera seria Mitridate, welche den 26. Decembr. 1770 das erstemal aufgeführet wurde. Diese Opera wurde etliche 20mal nacheinander aufgeführt. Daß die Opera Beyfall erhielt, kann man daraus schließen, weil die Impresa ihm alsogleich den schriftlichen Accord auf das Jahr 1773 gab. Da er die Opera schrieb, war er 14 Jahre alt.

Nachdem der Sohn die drey ersten Vorstellungen seiner Opera beim Clavier, wie es in Italien der Gebrauch ist, dirigirte, reisten sie nach Turin, die Opera zu sehen, kamen nach Mayland zurück, die 2te Opera zu sehen, dann gleich nach Venedig, um die letzten Tage des Carnavals alda zuzubringen. Da hielten sie sich bis den 12. März 1771 auf und giengen dann über Padua, Vicenza, Verona — in Verona bekam er auch das Diploma als Mitglied und Maestro di capella della Accademia filarmonica — nach Padua. Daselbst mußte er ein Oratorium Betulia liberata componiren[1]. Von Verona nach Roveredo, Trient, Inspruck nach Salzburg zurück. (Der Sohn bekam in Italien den Namen: il cavaliere filarmonico.)

---

[1] Bei O. Jahn (a. a. O., 2. Ausg. I. 196) ist das nur Vermuthung. Vgl. auch Köchel's Verz. Nr. 118. Möglich, daß die Composition in Padua nur begonnen wurde.

Bey ihrer Ankunft fanden sie ein Schreiben von dem Grafen Firmian, Minister in Mayland, daß der Sohn von Ihrer Majestät der Kaiserin berufen sey, bey den im October dies Jahr in Mayland vorfallenden Hochzeitsfeyerlichkeiten des Erzherzogs Ferdinand die große theatralische Serenata zu schreiben. Da Se. Majestät den Herrn Hasse, als den ältesten Capellmeister, zur Composition der Opera bestimmt, so hatte sie den jüngsten zur Serenata gewählet. Die Serenata hieß Ascanio in Alba. Den 13. August 1771 reisten sie nun wieder nach Mayland, wo sie den 21ten Aug. anlangten. Den 17ten Octbr: wurde die Serenata das erstemal aufgeführet. Mit der Opera und Serenata wurde, so lange die Feyerlichkeit dauerte, immer abgewechselt. Den 13. Decbr. 1771 kamen sie wieder nach Salzburg zurück.

Im Jahr 1772 machte der Sohn zur Wahl des Erzbischofs zu Salzburg eine Serenata: Il sogno di Scipione.

Den 24ten Octbr. 1772 reiste der Vater das 3temal mit dem Sohn nach Italien, wo der Sohn in Mayland die Opera seria Lucio Silla für den Carnaval 1773 schrieb. Die Opera wurde 26mal aufgeführt. Den 13. März 1773 kamen sie wieder zurück.

Im Monat Juli 1773 machte der Vater eine kleine Reise nach Wien mit dem Sohne; im Octobr. kamen sie wieder zurück.

Den 9. Decbr. 1774 machte der Vater mit dem Sohne eine Reise nach München. In München componirte der Sohn eine Opera buffa La finta giardiniera. Es wurden auch 2 große Messen von der Composition des Sohnes in der Hof=Capelle gemacht. Den 7. März 1775 kamen sie wieder zurück.

Im Monat April 1775 machte der Sohn eine Serenata

Il re pastore bei dem Aufenthalt des Erzherzogs Maximilian in Salzburg.

Den 23. September 1777 reiste der Sohn mit seiner Mutter nach Paris. Es würde zu seinem Vortheile gewesen sein, wenn er in Paris geblieben wäre, allein er fand so wenig Geschmack an der französischen Musik, daß er mit Freuden nach Deutschland zurück kehrte. Er componirte in Paris eine Sinfonie für das Concert Spirituel, eine Sinfonie concertante, ein Concert für die Flöte, ein Concert für die Harfe, ließ auch 6 Sonaten in Paris stechen, welche er der Churfürstin in der Pfalz dedicirte. Den 3ten Juli 1778 starb die Mutter in Paris im 58ten Jahre ihres Alters. Im Monat Jan. 1779 langte er wieder bey seinem Vater in Salzburg an.

Den 8ten Novbr. 1780 reiste der Sohn nach München, wo er eine Opera seria Idomeneo für den Carnaval 1781 schrieb. Da Seine Hochfürstl. Gnaden der Erzbischof von Salzburg nach dem Carnaval nach Wien reiste, wurde er zu ihm nach Wien berufen; er reiste also gleich von München aus nach Wien.

(Der Vater starb in Salzburg den 28. May 1787.)

5) Was nun seinen weiteren Lebenslauf betrifft, müssen Sie sich in Wien darnach erkundigen.

6) Nach erhaltener Nachricht aus Wien ist er den 5ten Decbr. 55 Minuten nach Mitternacht 1791 in einem hitzigen Frieselfieber gestorben. Im Jahr 1788 bekam ich die Nachricht von Wien, daß er wirklich in die kaiserlichen Dienste getreten ist; das Uebrige ist wieder in Wien zu erfahren, so auch wer seine Frau war, wie viel Kinder er mit ihr erzeuget habe, wie viele davon noch leben rc.

7) Er kam in seinem 24. Jahr nach Wien, wo er nun schon bereits 10 Jahr war. Er wird sich wohl in dieser

Zeit in der Composition um vieles gebessert haben, da schon 1785 der berühmte Herr Joseph Haydn zu seinem Vater, der damals in Wien war, sagte: „Ich sage Ihnen vor Gott als ein ehrlicher Mann, ihr Sohn ist der größte Componist, den ich von Person und dem Namen nach kenne; er hat Geschmack und über das die größte Compositions-Wissenschaft".

Er war, so bald er beym Clavier saß, ganz Meister; er bemerkte bey der vollständigsten Musik den kleinsten Mißton und sagte gleich, auf welchem Instrumente der Fehler geschah, ja sogar welcher Ton es hätte seyn sollen. Ueber das kleinste Geräusch bey einer Musik wurde er aufgebracht. Kurz, so lange die Musik dauerte, war er ganz Musik; sobald sie geendet, sahe man wieder das Kind.

8) Er wurde weder zum Componiren noch zum Spielen gar niemals gezwungen, im Gegentheil mußte man ihn immer davon abhalten, er würde sonst Tag und Nacht beym Clavier oder beym Componiren sitzen geblieben seyn.

9) Ist No. 2 beantwortet worden.

10) Aus einem Brief gezogen aus London. Daß Herr Baron von Grimm dem Vater Vorschläge machte wegen Rußland und wegen des Erbprinzen von Braunschweig. Wir sind respective nach Hamburg verschrieben, wir könnten nach Koppenhagen reisen, da sowohl der königl. dänische Gesandte in Paris, als auch der von hier eine gewisse Summe im Voraus garantiren wollten. Der Prinz Gallizin wollte mich auch bereden, nach Rußland zu gehen.

11) Als Kind schon hatte er Begierde, alles zu lernen, was er nur sahe; im Zeichnen, Rechnen zeigte er viele Geschicklichkeit; doch da er mit der Musik zu viel beschäftiget war, so konnte er in keinem andern Fach seine Talente zeigen.

Nachtrag.

Die Tochter Maria Anna Mozart ist seit einigen Jahren an einen hochfürstl. Rath und Landpfleger verheyrathet, welcher ihr aus zweyen Ehen schon Kinder zubrachte und mit dem auch sie schon einige Kinder erzeugt hat. So lebte sie damals an dem nehmlichen Ort, wo ihre seelige Mutter gebohren war, in anspruchloser ruhiger Stille ganz den schönen Pflichten der Gattin und Mutter. In den letztern Jahren ihres ledigen Standes, welche sie zu Hause bei ihrem Vater verlebte, gab sie einigen jungen Frauenzimmern der Hauptstadt Salzburg Unterricht im Clavier-Spiel, und noch heut zu Tag kennet man der Nannette Mozart Schülerinnen aus allen andern heraus an Nettigkeit, Präzision und wahrer Applicatur im Spiele.

Weiteres.

Die beiden Mozart'schen Eltern waren zu ihrer Zeit das schönste Paar Eheleute in Salzburg; auch galt die Tochter in ihren jüngern Jahren für eine regelmäßige Schönheit; aber der Sohn Wolfgang war klein, hager, bleich von Farbe und ganz leer von aller Prätension in der Physiognomie und Körper. Außer der Musik war und blieb er fast immer ein Kind, und dies ist ein Hauptzug seines Charakters auf der schattigen Seite; immer hätte er eines Vaters, einer Mutter oder sonst eines Aufsehers bedurft; er konnte das Geld nicht regieren, heyrathete ein für ihn gar nicht passendes Mädchen gegen den Willen seines Vaters, und daher die große häusliche Unordnung bei und nach seinem Tod.

Aristides
oder
der bürgerliche Philosoph,
aus
dem Französischen übersetzt
1771.

Der Uebersetzer
an den Herrn Wolfgang Mozart,
Hochfürstl. Salzburgischen Concert-Meister.

Verwundern Sie sich nicht, mein Herr, daß ich eine Schrift aus dem Französischen übersetzet habe, welche Ihnen zur Ehre auf Ihrer Reise durchs Schweitzerland von einer durchlauchtigen Feder (wie man muthmaßet) ist aufgesetzet worden.

Ich suche nicht damit Dero Ruhm zu vergrößern, den Sie schon von gekrönten Häuptern einige Zeit her sich erworben haben. Ach nein! Dieses wäre eine Thorheit von mir, und eben so viel, als wenn ich dem in vollen Flammen stehenden Vesuvio ein kleines Nachtlicht wollte anhängen, um denselben noch sichtbarer zu machen.

Das hat mich darzu bewogen, daß der durchlauchtige Redner in Ihnen nicht nur den natürlichen, sondern auch den sittlichen Menschen beobachtet und gefunden hat; fürwahr ein schöner Gegenwurf, der einer Betrachtung würdig ist[1] . . . . . .

---

[1] Später folgt die Uebersetzung einer am 11. October 1766 in Lausanne gehaltenen, in einem Wochenblatt (Aristide ou le citoyen, XVI; à Lausanne chez François Grasset et Comp.) erschienenen Rede. Der Verfasser derselben spricht von der Verschiedenheit der natürlichen Anlagen des Menschen, von den Zufälligkeiten, Umständen und Bedingungen, von denen die Entwickelung derselben abhängig ist, und schreibt schließlich dem glücklichen Umstande, daß der Vater Mozart's selbst ein so tüchtiger Tonkünstler und zugleich ein so vortrefflicher Er-

Auszug.

**Historisch-moralische Belustigungen des Geistes
oder
ermunternde Betrachtungen über die wunderbare Haushaltung
Gottes in den neuesten Zeiten.**

7tes Stück. Hamburg 1765.

§. 1.
Eine Tonkünstlerin von 10 Jahren.

Die Tonkunst gehöret an und für sich in das Reich der Künste und Wissenschaften [1] . . . . . .

zieher und Lehrer war, die frühzeitige Ausbildung des musikalischen Talentes des jungen Mozart, die Vereinigung des sittlichen und natürlichen Menschen in ihm zu. Einige Stellen aus dem Aufsatz mögen hier stehen.

„Ich habe unsern jungen Künstler vielmals gesehen, ich habe denselben aufmerksam betrachtet."

„Die Empfindlichkeit und Richtigkeit des Gehörs sind bey dem jungen Mozart so groß, daß ihn falsche, unleidliche und zu sehr gezwungene Klänge weinen machen. Seine Einbildungskraft ist eben so musikalisch, als sein Gehör."

„Dieser junge Knab hat viele angebohrne Gaben und Geschicklichkeit, er ist liebenswerth, er hat ungemeine Wissenschaft von der Musik."

„Man kann nicht ohne alle Bewegung ansehen alle die Merkzeichen seiner Zärtlichkeit gegen einen Vater, welcher sich bemühet hat, um ihn so tugendhaft als künstlich zu machen, und welcher von der guten Auferziehung mit eben so vieler Einsicht redet, als von der Musik."

Ein Exemplar des Aufsatzes, den auch Nissen (Biogr. Anh. S. 214) und O. Jahn (Biogr. 2. Ausg. I. 47) erwähnen, befindet sich im Mozarteum zu Salzburg.

[1] Dieser Paragraph handelt von dem Wunderkinde Maria Magdalena Gräf aus Mainz.

§. 2.
Ein Tonkünstler von 7 Jahren und seine Schwester von 11 Jahren.

So merkwürdig das vorige Beyspiel der Natur und Kunst war, um so merkwürdiger[1] ......

Auf den kleinen sechsjährigen Clavieristen aus Salzburg.

Wien, den 25ten Decbr. 1762.

Von Tit: Herrn Grafen von Collalto in seinem Concert ausgetheilt.

Ovidius:
Ingenium coeleste[2] ......

Mantua den 19ten Januar.

Dienstag den 16ten dieses hielte man auf dem Schauplatz der königlichen Academie die gewöhnliche filarmonische Academie[3] ......

In Laudem Amadei Mozart
aetatis 13 annorum.

Si rapuit silvas Orpheus, si tartara movit,
Nunc tu corda, puer, surripis, astra moves.

---

[1] Fortsetzung in O. Jahn's Mozart, 1. Ausgabe I. 163—165.
[2] Siehe Nissen's Biographie Mozart's S. 27; O. Jahn's Mozart, 1. Ausg. I. 40 u. 41, 2. Ausg. II. 605 u. 606.
[3] Deutsche Uebersetzung eines später (S. 117) anzuführenden Zeitungsberichtes aus Mantua. Eine ziemlich gleichlautende Uebersetzung findet man bei Nissen S. 170—172. Die Akademie fand i. J. 1770 Statt. Vgl. O. Jahn, 1. Ausg. I. 187, 2. Ausg. I. 107 f.

Ant. M⁂. Meschini
Veronensis.

Kann Wald und Hölle dort einen Orpheus bewegen,
So kannst du Wunderknab! [1] . . . . . .

Al Signore Amadeo Mozart,
giovanetto ammirabile.
Sonetto estemporaneo.
Se nel puro del ciel la cetra al canto
desta fra dolci [2]

An Mozart
bey Gelegenheit der Vorstellung der Oper
le nozze di Figaro.
Was soll ich die Musen, begeistert von Dir,
Um Beystand beschwören? [3] . . . . . .

Amadeo Mozart
dulcissimo puero et elegantissimo lyristae
Antonius Maria Meschinj
Veronensis.
Si rapuit sylvas Orpheus, si tartara movit,
Nunc tu corda, puer, surripis, astra moves.

---

[1] Siehe O. Jahn, 1. Ausg. I. 148, 2. Ausg. II. 607. Am Schluß des Gedichtes steht der Name „Ignatz Anton Weiser".
[2] Siehe Nissen S. 162; O. Jahn, 1. Ausg. I. 149, 2. Ausg. II. 608.
[3] Siehe Nissen, Anhang S. 184, wo nur die ersten 3 Strophen des Gedichtes mitgetheilt sind. Am Schluß des aus 5 Strophen bestehenden Gedichtes steht: Im Namen einer zahlreichen Gesellschaft Musicfreunde gesungen von B — — — a.

Così, come tu fai,
suonando ......
... perdeva il vanto¹.

C o p i a.

Bologna li 12 8bre 1770.
Attesto io infrascritto² ......

Sinngedicht
zur Ehre
des Herrn Wolfgang Mozart.
Es hatte die Natur der alten Dichter Träume
Mit Eckel³ ......

Sur les enfans de Mr: Mozart.
Mortels chéris des Dieux et des Rois,
Que l'harmonie⁴ ......

Per la partenza del Sigr. Amadeo Mozart
da Firenze.
Da poi che il Fato t'ha da me diviso
Io non fo⁵ ......

---

¹ Siehe Nissen S. 163; O. Jahn, 1. Ausg. I. 148; 2. Ausg. II. 607.
² Siehe Nissen S. 227; O. Jahn, 1. Ausg. I. 206; 2. Ausg. II. 616.
³ Siehe Nissen S. 153; O. Jahn, 1. Ausg. I. 146, 2. Ausg. II. 606. Am Schluß des Gedichtes steht das Datum: Salzburg den 2ten März 1769.
⁴ Siehe Nissen S. 59; O. Jahn, 1. Ausg. I. 53, 2. Ausg. II. 606.
⁵ Siehe Nissen S. 195; O. Jahn, 1. Ausg. I. 150, 2. Ausg. II. 610.

Verona 9. Gennajo.

Questa Città non può non annunziare il valor portentoso [1]
. . . .

Mantova 19. Gennajo.

La sera di Martedì scorso, 16. del corrente, nel Teatro della Reale Accademia si fece anzi tempo l'Accademia pubblica Filarmonica del mese, per cogliere opportunamente l'occasione del passaggio, che di qui ha fatto l'incomparabile giovanetto Sig. Wolfgango Amadeo Mozart [2] . . . . . .

Auszug
aus der französisch geschriebenen Cabinets-Zeitung.

de Paris 1766.

Nous venons de voir ici les deux aimables enfans de Msr: Mozart [3] . . . . . .

Milano.

Mercoledì scorso si è riaperto questo Regio Ducal Teatro colla rappresentazione del Dramma intitolato: il Mitridate, Re di Ponto [4] . . . . . .

---

[1] Siehe Nissen S. 169; O. Jahn, 1. Ausg. I. 185, 2. Ausg. II. 613.

[2] Deutsche Uebersetzung: siehe Seite 114 und ebenda Anmerkung 3. Dem Zeitungsbericht, so weit er Mozart und die Akademie betrifft und so weit er bei Nissen übersetzt ist, folgt die aus Versehen mitabgeschriebene Beschreibung einer in Mantua beobachteten nordlichtähnlichen Himmelserscheinung.

[3] Siehe Nissen S. 110 ff.; O. Jahn, 1. Ausg. I. 154, 2. Ausg. II. 611.

[4] Siehe Nissen S. 240; O. Jahn, 1. Ausg. I. 216, 2. Ausg. I. 132.

Rondeau.

De la composition de S. A. Mademoiselle, qui prend la liberté, de présenter son ouvrage à M. Wolfgang Mozart.

Al Sigr. Amadeo Wolfgango Mozart.

Genietti lepidi,
Genietti gai,
quà [2] . . .

---

[1] Siehe Nissen S. 114. Vgl. O. Jahn, 1. Ausg. I. 66, 2. Ausg. I. 45. In Nissen's Wiedergabe sind fast durchgängig aus den kleinen Trillerzeichen Sorzato=Zeichen gemacht.

[2] Siehe Nissen S. 174; O. Jahn, 1. Ausg. I. 149, 2. Ausg. II. 609.

Anhang.

Auszüge aus Briefen der Wittwe und der Schwester Mozart's

an

Breitkopf und Härtel.

Auszüge aus Briefen der Wittwe.

Wien, 27. October 1798.

Die Lebensbeschreibung betreffend, so weiß ich außer Freund Niemtschek's und den Nekrologen keine. Ich verpflichte mich aber, Ihnen neue Beyträge und unbekannte Anekdoten, auch wohl Briefe zu liefern[1].

Eine Kupferplatte zu dem besten Porträt, was ich habe machen lassen, kann ich Ihnen für 6 Ducaten anbieten; sie hat 10 gekostet[2].

---

[1] Breitkopf und Härtel hatten am 15. Mai 1798 geschrieben: „Da wir ferner in einem der folgenden Hefte eine Lebensbeschreibung Ihres verewigten Gemahls liefern werden, so würden Sie nicht allein uns, sondern gewiß auch die große Anzahl seiner Verehrer zu vieler Erkenntlichkeit verpflichten, wenn Sie uns manche interessante und weniger bekannte Nachricht aus der Geschichte seines Lebens und seiner Kunst mittheilen wollten". Am 6. October 1798 schrieben sie: „Noch bitten wir Sie, uns wissen zu lassen, ob außer dem Herrn Niemtscheck in Prag noch Jemand beschäftigt sei, die Lebensgeschichte Ihres Herrn Gemahls zu schreiben". Und am 10. November 1798 schreiben sie: „Wir werden in einiger Zeit eine ausführliche Lebensbeschreibung des verewigten Mozart herausgeben, und zu diesem Behufe ist es uns wichtig, viele Beiträge dazu zu sammeln und zu vergleichen".

[2] Im November 1798 ersuchen Breitkopf und Härtel um einen Abdruck des Portraits, und im December schickt die Wittwe einen Abdruck und die Kupferplatte. Das Bild, gestochen von Kohl in Wien 1793, ist ein Absenker des Posch'schen Medaillons. Breitkopf und Härtel bewahren noch die Kupferplatte. Einen Abdruck findet man in „Mozart's Leben. Grätz, bey J. G. Zubeck. 1794".

Wien, 5. Decbr. 1798.

Was Anekdoten und Beyträge zur Lebensgeschichte betrifft, so arbeite ich daran mit einem Freunde, und Sie können Sich sicher Hoffnung machen[1].

Mit dem Porträt meines Mannes, das Sie dem ersten Heft vorgesetzt haben, bin ich nicht ganz zufrieden.

Wien, 25. Febr. 1799.

Ich sende Ihnen hiemit die 6 Sonaten und den Marsch, die Sie verlangt haben. Sie haben ganz Recht, daß der Anfang dieses Marsches mit dem in Idomeneo Aehnlichkeit hat. Sie werden aber bald die Verschiedenheit erkennen. Mein seliger Mann hat ihn für mich gemacht. Da ich versäumt habe, ihn abcopiren zu lassen, so schicke ich ihn im Original.[2]

Sie finden am Ende dieses Briefes ein Verzeichniß von Liedern. Ich glaube, daß die mit × bezeichneten fünf in der Kinderbibliothek sind.

Die Contretänze, die auch für mich gemacht sind, können Sie schon izt so gut als Sonaten brauchen. Aber für diese und die Quadrillen begehre ich 8 Ducaten.

---

[1] Im Verlauf des Briefwechsels schickt die Wittwe wiederholt „Anekdoten" oder Charakterzüge. Am 17. November 1799 fordert sie das Honorar für die in der Leipziger Allg. Musik. Zeitung, Bd. 1, pag. 289—291 u. 854—856 erschienenen Anekdoten, woraus zu entnehmen ist, daß dieselben wirklich auf ihren Mittheilungen beruhen und daß sie deren Inhalt als richtig anerkannte.

[2] Der Marsch, dessen thematischer Anfang offenbar von der Wittwe in einem früheren, jetzt nicht vorhandenen Briefe mitgetheilt worden war, war vermuthlich der für Clavier eingerichtete Marsch in C=dur, der erste von den in Köchel's Verzeichniß unter Nr. 408 eingetragenen drei Märschen, dessen Anfang dem des Marsches in D=dur im „Idomeneo" ähnlich ist. In einem spätern Briefe (October 1799) schreibt die Wittwe, der Marsch sei „ganz kurz" und die „Confrontation" sei „bald gemacht".

Was die Partitur von der Schöpfung betrifft, so bin ich nicht im Stande, Ihnen zu dienen. Nicht 100, viel weniger 20 Ducaten dürfte ich Haydn anbieten.

Sie finden hiebei ferner 3 Actenstücke, getreu copirt, zur Biographie meines Mannes.

[Verzeichniß der Lieder.]¹

1. Männer suchen stets zu naschen.
2. Gesellenweise. Die ihr einem neuen Grade.
3. Ich möchte wohl der Kaiser sein.
4. Oiseaux, si tous les ans.
5. Verdankt sei es dem Glanz der Großen.
6. Mi lagnerò tacendo.
7. Erzeugt von heißer Phantasie.
8. Ich würd' auf meinem Pfad mit Thränen.
9. Am Geburtstag des Friz. Es war einmal, ihr Leute.
10. Dans un bois solitaire.

---

¹ Von den hier verzeichneten Liedern ist Nr. 13 unbekannt. Nr. 6 (Köchel's Katalog Nr. 437) war, wie die andern, mit Clavierbegleitung und war, wie die Wittwe in spätern Briefen sagt, unvollständig. Nr. 15 ist ebenfalls Fragment (vgl. Köchel's Katalog, Anhang Nr. 26) und von Nr. 16 ist wahrscheinlich nur der Entwurf eingeschickt worden, von dem Nissen (Biogr., Anh. S. 28) die erste Seite mittheilt. Vgl. Köchel's Katalog Nr. 440; O. Jahn's Mozart, 1. Ausg. III. 167, 2. Ausg. I. 706.. Der Text von Nr. 13 ist aus Metastasio's „La clemenza di Tito". Die Vermuthung liegt nahe, daß die Arie ursprünglich zu Mozart's gleichnamiger Oper bestimmt war und daß später das Terzett „Se al volto mai tu senti" an deren Stelle trat. Vgl. O. Jahn a. a. O. 1. Ausg. IV. 585, 2. Ausg. II. 471, 479. Daß die mit ✕ bezeichneten Lieder, wie die Wittwe glaubt, aus der Kinderbibliothek sind, ist ein Irrthum. Campe's Kinderbibliothek enthält keine musikalischen Beilagen. Mozart besaß einige Bändchen davon und hat einige darin vorkommende Liedertexte in Musik gesetzt. Von den Texten der 5 bezeichneten Lieder ist keiner daraus genommen.

11. Solfeggi überschrieben: per la cara mia consorte. Mehrere beysammen.
12. Das Traumbild. Wo bist du, Bild.
13. Se mai senti spirarti sul volto.
14. Ridente la calma.
15. Einsam bin ich, meine Liebe.
16. In te spero o sposo amato (per la mia cara sposa).
× 17. Die Alte (ein bischen aus der Nase). Zu meiner Zeit.
× 18. Der Zauberer. Ihr Mädchen, flieht Damöten ja.
×   Die betrogene Welt. Der reiche Thor.
×   Die Verschweigung. So bald Damötas Chloen sieht.
× 19. Die kleine Spinnerin. Was spinnst du, fragte Nachbars Friz.
20. Viele Contretänze, Quadrillen.

Wien, 2. März 1799.

Hier folgen die Capricci. Die Titelaufschrift ist nicht von ihm, wahrscheinlich von seinem Vater.[1] Heute erhalten Sie keine Charakterzüge.

Ich höre von Hrn. Baron S.[2], daß Sie ein Duett von der Schöpfung erhalten haben..... Jetzt giebt man sie [die Schöpfung] bei Schwarzenberg, den 19. im Theater mit 181 Instrumenten.

Wien, 27. März 1799.

Was das Requiem betrifft, so habe ich freylich das berühmte.[3]

---

[1] Die „Capricci" werden wiederholt erwähnt. Es ist aber nicht klar, was darunter verstanden ist. Am 27. März wird als „Porto für die Capricci" 1 fl. 39 kr. notirt, und im November 1799 wird über das „Büchlein mit der Aufschrift Capricci" geschrieben, es könne „für die Biographie oder sonst" benutzt werden.

[2] Baron van Swieten.

[3] Vgl. O. Jahn's Mozart, 1. Ausg. IV. 699; 2. Ausg. II. 553, wo die Stelle vollständig steht.

Heute biete ich Ihnen an . . . . 14 Cadenzen von großen Concerten. Letztere hat er nur für seine Scholaren gemacht.

Wien, 25. Mai 1799.

Sonst habe ich nichts für Clavier und Gesang, als das Bandlterzett, die Cantate „Die ihr des unermeßlichen" und ein Pendant zum Bandlterzett: Caro mio Druck und Schluck für 4 Stimmen (meinen Mann und mich und 2 Freunde) aber nur in Gesang gesetzt. Alles dieses im Original[1].

Von Anekdoten können Sie nach und nach mehr bekommen. Für die Lebensbeschreibung sende ich Ihnen im gestrigen Packen 3 Briefe über meines Mannes Aufenthalt in Potsdam zugleich mit den Liedern auf Discretion.

Zu dem Pendant des Bandlterzetts habe ich Beethoven gebeten, den Baß zu setzen[2].

Von dem Abbé Stadler habe ich nun erfahren, daß die Violinstimmen zum „Io ti lascio, cara, addio" auf Jacquin's Verlangen, von dem die Arie ist, von meinem Manne gesetzt sind[3].

---

[1] Das Autograph des Bandlterzetts (mit Clavierbegleitung) ist nicht mehr vorhanden, und das Terzett (Kanon s) „Caro mio", das die Wittwe später in der Originalhandschrift nach Leipzig schickt, gehört zu den verloren gegangenen Compositionen Mozart's. Vgl. Köchel's Verz., Anh. Nr. 5; O. Jahn's Mozart, 1. Ausg. III. 167 u. 333, 2. Ausg. II. 50.

[2] Am 15. Juni 1799 schreibt die Wittwe, das „Caro mio" brauche keinen Baß.

[3] Früher hatte die Wittwe geschrieben, die in der Leipziger Allg. Musik. Zeitung, Bd. 1, Nr. 1 u. 2 angeblich nach einem eigenhändigen Manuscript Mozart's veröffentlichte Arie „Io ti lascio" sei ihres Wissens von Gottfried von Jacquin componirt und es hätte die Handschrift Jacquin's, „was die Noten betrifft", einige Aehnlichkeit mit der ihres Mannes. Vgl. Köchel's Verz. Anh. Nr. 245; O. Jahn, a. a. O., 1. Ausg. III. 331, 2. Ausg. II. 49.

Wien, 15. Juni 1799.

Ist der italiänische Brief an die Lang nicht in Ihrer Zeitung brauchbar?

Wien, 8. Juli 1799.

Was Lieder betrifft, so weiß ich kein anderes mehr als noch das, welches anfängt: Meine weise Mutter spricht: Küssen, Küssen, Kind, ist Sünde. Es muß aber vor 1784 componirt sein und ist sehr schön. Wir haben's nicht[1]. Man versichert mir, daß das „Bey dem Auszug ins Feld" hier existire. Ich kann es aber nicht erfragen[2].

Wien, 22. Juli 1799.

Ich mache mir ein Vergnügen daraus, Ihnen zu melden, daß Hr. Amenda den schönen Canon weiß: Im Grab ist's finster. Eigentlich soll es ein französisches altes Thema seyn, welches Mozart zu einem vierstimmigen Canon eingerichtet hat[3].

Wien, 9. August 1799.

Ueberhaupt können Sie nicht glauben, was ich für schöne Sachen in meinem Schatz gefunden habe. So ist ein Werk da, was ich selbst gar nicht kannte. Stadler fand alles so vortrefflich, daß er mir abrieth, einzelne Stücke herzugeben. Es ist eine Oper und Melodram, beides zugleich. Sogar der Text ist schön[4].

---

[1] Von diesem Liede haben wir keine Kenntniß.

[2] Das Lied hat sich bis auf den heutigen Tag nicht gefunden. Vgl. Köchel's Verz. Nr. 552.

[3] Der gemeinte Kanon, dessen Text übrigens etwas anders anfängt, ist in zwei Bearbeitungen vorhanden und wird in beiden für unecht gehalten. Eine Bearbeitung soll mit verändertem Text um 1800 bei Falter in München in einer Sammlung gesellschaftlicher Lieder erschienen sein. Vgl. Köchel's Verz. Anh. Nr. 6.

[4] Gewiß ist das die bis auf einige Stimmen der Ouverture ver-

Wien, 13. August 1799.

Ich bin erbötig, Ihnen alle Materialien, die ich zu der Lebensbeschreibung habe, mitzutheilen, damit Sie sie selbst ordnen und redigiren können.[1]

Es thut mir leid, Ihnen zu melden, daß Sie die Variationen „Je suis Lindor", die Sie nicht von mir haben, nach einer fehlerhaften Copie gestochen haben. Jetzt könnte ich sie Ihnen auch nicht im Original geben, so wenig als die Pariser Ausgabe. Conferiren Sie aber den daraus höchstwahrscheinlich gemachten Amsterdamer Nachstich, und Sie werden einen ziemlichen Unterschied finden, zum Vortheil des letzteren[2].

Hier folgt neben einigen Anekdoten das vollständige Verzeichniß der Claviersonaten u. dgl.

Wien, 26. August 1799.

Hierin folgen einige Anekdoten. Es steht bei Ihnen, die Anekdoten, die flüchtig geschrieben sind, anders einzukleiden.

Wien, 28. August 1799.

Ich sende Ihnen zugleich mit den Arien die erste Abtheilung von Briefschaften, von Demjenigen zu lesen und zu

---

loren gegangene Musik zu Gemmingen's Melodrama „Semiramis". Mozart bezeichnet in einem Briefe vom 3. December 1778 das Stück als eine declamirte Oper. Vgl. auch Mozart's Brief vom 18. December 1778, ferner Köchel's Verz. Anh. Nr. 11, und O. Jahn's Biographie, 1. Ausg. II. 335, 2. Ausg. I. 511, 514.

[1] Am 22. Juni 1799 hatten Breitkopf u. Härtel geschrieben: „Bei der Herausgabe von Mozart's Leben wünschen wir sehr etwas Vollkommenes zu leisten. Sie selbst würden hierzu am meisten beitragen können"......

[2] S. Köchel's Verz. Nr. 354; O. Jahn's Mozart, 1. Ausg. III. 11 (Anm. 21), 2. Ausg. I. 506.

benutzen, dem Sie die Biographie auftragen. Es ist immer
allerhand daraus zu lernen für seine Charakteristik. Sein
Maß von Bildung, seine übergroße Zärtlichkeit für mich,
seine Gutmüthigkeit, seine Erholungen, seine Liebe zur
Rechenkunst und zur Algebra (wovon mehrere Bücher zeugen),
seine Laune, die bisweilen wahrhaft shakespearsch war, wie
Hr. Rochlitz einmal von seiner musikalischen Laune gesagt
hat und wovon ich Ihnen Proben senden werde — sind
darin und in den folgenden Papieren sichtbar. Sie beweisen
ferner die Ehren, die ihm und mir seinetwegen späterhin
erwiesen sind. Die freilich geschmacklosen, aber doch sehr
witzigen Briefe an seine Base verdienen auch wohl eine
Erwähnung, aber freilich nicht ganz gedruckt zu werden.

Wien, 29. Septbr. 1799.

Ich schicke Ihnen hierin abermals 2 Anekdoten und
Auszüge von launigen Stellen aus Mozarts Briefen, beides
für Ihre Zeitung, und wenn nicht, zur künftigen Lebensgeschichte. Mit nächster Gelegenheit sende ich Ihnen alle
noch übrigen Briefe, die ich habe, die von dem zu lesen
sind, dem Sie die Biographie auftragen. Diese seine nach-
lässig, d. h. unstudirt, aber gut geschriebenen Briefe sind
ohne Zweifel der beste Maßstab seiner Denkungsart, seiner
Eigenthümlichkeit und seiner Bildung. Ganz vorzüglich
charakteristisch ist seine seltene Liebe zu mir, die alle
seine Briefe athmen. Nicht wahr, die in seinem letzten
Lebensjahr sind eben so zärtlich, als die er im ersten Jahr
unserer Verheirathung geschrieben haben muß? Ich bitte
mir's ganz besonders aus, daß davon eine umständliche Erwähnung, wenigstens einst, zu seiner Ehre geschieht. Es
sind herrliche, naive Stellen in den Briefen, die vielleicht
schon in der Zeitung Platz verdienen.

Wien, 10. October 1799.

Dem geistreichen Herrn Rochlitz, den ich für den künftigen Biographen meines sel. Mannes halte, bitte ich meine beste Empfehlung zu machen.

Ich schicke Ihnen hierin wieder einige Musikalien, mit denen es folgende Bewandtniß hat:

Nr. 1 ist durchgängig von meinem Mann geschrieben. Es enthält eine Ouverture, eine Allemande und eine Courante in einem zum Theil Händel'schen, zum Theil aber eben so wenig verkennbaren eignen Mozart'schen Geschmack. Eine Sarabande ist dabey noch angefangen.[1]

Nr. 2 ist auch durchgängig Mozart's Schrift, und man versichert mich, es passire für eine vollendete Fuge.[2]

Nr. 3 ist gleichfalls eine vollendete Fuge, aber die letzten acht Takte sind neu hinzugekommen von einem Manne, der nicht bekannt seyn will. Alles übrige ist von Mozart selbst geschrieben.[3]

Nr. 4 ist eine unvollendete große Mozart'sche Sonate mit Violine. Sie sehen selbst leicht aus den Handschriften, wo Mozart's Handschrift aufhört. Es ist, glaube ich, am Ende der 3. Seite.[4]

Nr. 5 eine Arie: Sono in amore.[5]

Sechstens wiederum eine Menge Briefe, die von dem Herrn Biographen zu lesen sind.

---

[1] Siehe Köchel's Verz. Nr. 399. Vgl. Jahn a. a. O. 1. Ausg. III. 378.

[2] Vielleicht die Fuge in Köchel's Verz. Nr. 443.

[3] Wahrscheinlich die Fuge in G-moll, Köchel's Verz. Nr. 401. Vgl. Jahn a. a. O. III. 377 f.

[4] Wahrscheinlich die Sonate in Köchel's Verz. Nr. 402. Vgl. Leipz. Allg. Musik. Zeitung v. J. 1864 Seite 498.

[5] Aus der Oper „La finta semplice". Köchel's Verz. Nr. 51 (23).

Wien, 18. Octbr. 1799.

… Ich wollte Ihnen das Requiem allerdings einmal verkaufen, aber erst nachdem ich die Erlaubniß des Anonymus in den Zeitungen erlangt hätte. Das Projekt der Ankündigung war schon entworfen. Ich hole den Entwurf aus meinem Pult und setze ihn hieher:
Da der edle Anonym, welcher dem sel. Mozart[1] . . . . . .

Wien, 17. November 1799.

… Bei Nr. 30 [in Cahier 5 der bei Breitkopf u. Härtel erschienenen Oeuvres complettes] muß ich noch bemerken, daß dieses „Was frag ich viel" mit M. M. und M. W. bezeichnet ist, und ich mich nicht entsinne, es Ihnen auch nur in Copie geliehen zu haben.[2]

Wien, 27. November 1799.

Ich füge einige vorläufige Notizen zur Lebensbeschreibung

---

[1] Siehe Jahn's Mozart, 1. Ausg. IV. 698 (Anm. 41), 2. Ausg. II. 552 (Anm. 20), wo die Stelle vollständig mitgetheilt ist.

[2] Diese Notiz ist wichtig, weil damit eine Bürgschaft für die Echtheit des Liedes „Die Zufriedenheit" (Köchel's Verz. Nr. 349) in der Bearbeitung mit Begleitung des Clavieres wegfällt. Die in der alten Ausgabe dem Liede beigefügten Buchstaben MM. bedeuten, daß beim Druck Mozart's Original-Manuscript vorgelegen habe, und die Buchstaben MW. bedeuten, daß das Manuscript von Mozart's Wittwe eingesendet worden sei. Nun wird in den Briefen der Wittwe, wo alle andern eingesandten Lieder zum Theil wiederholt genannt werden, jenes Lied nirgends erwähnt. Wohl aber schickt die Wittwe am 25. Mai 1799 in Abschrift „ein Lied eigentlich für die Mandoline", und am 15. Juni 1799 schreibt sie, daß sie die Originalhandschrift von dem Liede „für die Mandoline" nicht besitze. Sehr wahrscheinlich war dies das Lied „Die Zufriedenheit" in der Bearbeitung mit Begleitung der Mandoline. Es bleibt also die Möglichkeit übrig, daß die Bearbeitung mit Clavierbegleitung nicht von Mozart herrührt, sondern von einem Andern nach der Bearbeitung mit Mandolinbegleitung gemacht worden ist.

bei. Daß Mozart Maurer war, wissen Sie. Es existiren 2 interessante Briefe über Musik, die von Mozart an die Frau v. Trattnern, der er seine Phantasie dedicirt hat und die seine Schülerin war, geschrieben sind. Mir hat man sie nach ihrem Tode versagt. Abbé Gelinek, der bei dem Fürsten Kinsky ist, soll sie jetzt besitzen.[1] In „Angenehme und lehrreiche Beschäftigung für Kinder in ihren Freystunden. Zweites Bändchen. Wien, im Taubstummeninstitut, 1788" soll ein Lied mit Mozart's Composition sein. Ich habe mir dieses Büchlein nicht verschaffen können. Mozart's Schwester ist die Baronin Berchtold-Sonnenburg, deren Mann Pfleger zu St. Kilian[2] im Salzburg'schen ist. Man hat von Mozart eigenhändig geschriebene Sammlungen schöner Lieder, so wie sie ihm in die Hände kamen, um sie gelegentlich zu componiren. Er hat auch eine Gesellschaft unter dem Namen Die Grotte stiften wollen. Ich habe nur ein Bruchstück von seinem Aufsatz darüber gefunden und Jemanden, der es vielleicht im Stande ist, weil er Theil hatte, zu ergänzen gegeben.[3]

Wien, 30. November 1799.

Auch schicke ich Ihnen die bewußte Fuge in leserlicher Abschrift. Diese können Sie gänzlich behalten, wenn Sie mir nicht weniger als vier Kaiserducaten bezahlen.

---

[1] Die Briefe sind verschollen. Vgl. Nissen S. 671; Jahn 2. Ausg. I. 718. Der Frau Therese von Trattnern ist die Phantasie u. Sonate in C-moll (Köchel's Verz. Nr. 475 u. 457) gewidmet. Niemtschek spricht in seiner Lebensbeschreibung Mozart's (S. 59 nur von einem Briefe an die Trattner.
[2] St. Gilgen.
[3] Vgl. O. Jahn 1. Ausg. III. 403, 2. Ausg. II. 91.

Verzeichniß der Originalien,
die ich bei den Herren Breitkopf und Härtel in Leipzig
zurückzufordern habe.

ein Marsch . . . . gesandt den 25. Febr.		1799
ein Büchlein mit der Aufschrift		
Capricci	2. März	. . .
16 Lieder	25. März	. . .
ein Clavierconcert	29. April	. . .
2 Lieder	25. Mai	. . .
13 Canons (mehr waren nicht im Original)		
Caro mio Druck und Schluck	8. Juli	. . .
Harmonicaquintett		
eine Sonate		
Ouverture, Allemande und Courante		
eine Fuge mit den 8 letzten Takten von fremder Hand	10. Octbr.	. . .
eine Sonate mit Violine		
2 Lieder		
V'amo di core	18. Octbr.	. . .
Fantasie		
ein Rondeau		
ein Gigue	11. Novbr.	. . .
und noch eine Claviermusik		
das Requiem in Copie.		

Wien, 30. Januar 1800.

Sie haben ein Wunderwerk gethan, einen Todten erweckt. Der Eigenthümer und Besteller des Requiems hat sich eingefunden[1].

---

[1] Die Verlagshandlung Breitkopf u. Härtel hatte im Jahre 1799 (Leipz. Allg. Musik. Ztg., I., Int.-Bl. S. 97) bekannt gemacht, sie

Wien, 7. Mai 1800.

Ohne Ihre Erinnerung werde ich von selbst so viele Beiträge als möglich zur Biographie schicken.

Wien, 21. Juli 1800.

Ich leihe Ihnen hiermit zum Gebrauch für die Biographie einen Aufsatz, größtentheils in der Handschrift meines Mannes, von einem Orden oder einer Gesellschaft, die er errichten wollte, Grotta genannt. Ich kann nicht mehr Erläuterung schaffen. Der hiesige Hofklarinettist Stadler der Aeltere, der den Rest geschrieben hat, könnte es, trägt aber Bedenken, zu gestehen, daß er darum weiß, weil die Orden oder geheimen Gesellschaften so sehr verhaßt sind.

... Indeß habe ich nun selbst das w a h r e Original [des Requiems] von dem Anonymus zur Durchsicht erhalten.

Sie können nicht glauben, wie unwillig oder vielmehr träge die Leute sind, Beiträge zur Biographie zu liefern.

Wien, 5. November 1800.

Hr. Stoll, Regens chori in Baden unweit Wien, hat noch Briefe von Mozart.[1] Ich habe sie von ihm verlangt, und er hat sie mir versprochen. Sobald dieses geschieht, werde ich sogleich das Vergnügen haben, sie Ihnen mitzutheilen.

Wien, 17. Februar 1802.

Ich gebe Ihnen die Nachricht, daß der hiesige k. k. Kämmerer Graf von Deym[2], der sich vor einigen Jahren

---

werde Mozart's Requiem nach dem von Mozart's Wittwe überlassenen Manuscript veröffentlichen. Diese Bekanntmachung hatte den Anonymus aus seiner Verborgenheit herausgetrieben. Vgl. O. Jahn 1. Ausg. IV. 700 f., 2. Ausg. II. 554.

[1] Nur einer von diesen Briefen ist zum Vorschein gekommen.
[2] Im Briefe steht wiederholt: Dehm.

Müller nannte und eine Kunstgallerie aus eigner Arbeit eingerichtet hat, den Kopf Mozart's gleich nach seinem Tode in Gips abgeformt hat, und ferner, daß der Hofschauspieler Lange, ein sehr guter Maler, ihn groß, aber en profil gemalt hat, welches Gemälde er wahrscheinlich durch Hülfe des Deym'schen Abgusses, besonders da er M. gut gekannt hat, zu einem vollkommen ähnlichen En-face machen kann. Beide diese Herren haben ihre Arbeiten, und werden Ihre Briefe ohne nähere Adresse bekommen.[1]

---

[1] Die Todtenmaske wird auch bei Nissen (S. 574, Anh. S. 181) erwähnt. Wo sie sich befindet, ist nicht bekannt. Das Gemälde von Lange, dem Schwager Mozart's, befindet sich im Mozarteum zu Salzburg. Es ist nicht fertig geworden, wird aber für eins der getroffensten gehalten. Eine Lithographie erschien bei Horneman u. Ersler in Kopenhagen. Vgl. O. Jahn, a. a. O., 2. Ausg. II. 745.

Auszüge aus Briefen der Schwester.

St. Gilgen den 4. August 1799.

Alle Sparten meines Bruders, so noch in Händen unsers Vaters waren, übersendete ich im Jahre 1787 nach dem Tode unsers Vaters meinem Bruder nach Wien, bedauere aber selbst, daß ich nicht einige von seinen jüngern Compositionen zurückbehalten habe. Bei mir wären sie doch gut aufgehoben worden, da ich hingegen von sicherer Hand und von einem Augenzeugen erfahren habe, daß seine Sparten bey ihm nur immer unter dem Clavier herum lagen und die Copisten davon nehmen konnten, was sie nur wollten, und ich konnte auch dieses um so leichter glauben, da mir wohl bekannt war, daß mein Bruder seine ältern Werke immer weniger leiden konnte, wie stärker er in seiner Composition wuchs. Ich zweifle also nicht daran, daß viele seiner jüngern Werke werden verloren gegangen sein.

Die Lebensgeschichte meines Bruders betreffend, ist mir sehr auffallend, daß Sie keine Meldung des Nekrologs von Hr. Professor Schlichtegroll machen, worinnen doch eine ächte Biographie meines Bruders enthalten ist und wozu ich auf Ansuchen eines Freundes einen Aufsatz einschickte. Auch sendete ich ihm Auszüge aus Briefen und Schriften und Sinngedichte, die mit viel Würze und Laune geschrieben sind, die der Hr. Professor aber vielleicht wegen der Menge, die sein Werk um ein Beträchtliches vermehrt haben würde, und weil er den Werth derselben, da sie in franzöſiſcher, italieniſcher und deutſcher Sprache abgefaßt ſind, durch Ueberſetzung nicht ſchmälern wollte, beſeitigte. Wollen Sie, daß ich Ihnen dieſen meinen Aufſatz nebſt allen dieſen Schriften zuſenden ſoll, ſo melden Sie mir es gefälligſt.

Von einer Biographie des Herrn Profeſſor Niemtſchek aber habe ich nie etwas gehört.

Sie wünſchten Lieder, welche mein Bruder vor dem Jahre 1784 componirt hat, zu beſitzen. Allein, ſo viel ich mich erinnern kann, ſo machte er damals gar keine Lieder, ſondern ſehr viele italieniſche Arien, wovon die Sparten auch ſeine Frau haben muß. Ich beſitze nur in Abſchrift einige Lieder mit Begleitung der Harmoniale und eine franzöſiſche Arie.[1] Die franzöſiſche Arie lege ich bei.

Die Muſikaliſche Zeitung, von der Sie mir ſchreiben, iſt mir ſo wenig als die Anzeige der Werke meines Bruders bekannt.

St. Gilgen den 24. November 1799.

Mit Vergnügen überſende ich Ihnen den Aufſatz, ſo ich aus Briefen, die mein Vater auf ſeinen Reiſen nach Salzburg ſchrieb, ausgezogen und auf Verlangen eines Freundes unſers Hauſes ihm überſchickt habe, der ihn dann Hr. Prof. Schlichtegroll übermachte. Hier folgen auch einige Elogen, Aufſätze, Sonette, Auszüge aus Briefen u. dgl.

Sie wünſchen noch etwelche Anekdoten aus meines Bru-

---

[1] Was das für Stücke „mit Begleitung der Harmoniale" ſind, iſt nicht zu beſtimmen. Die franzöſiſche Arie iſt wohl eines der 1778 in Mannheim componirten franzöſiſchen Lieder. Vgl. die Briefe Mozart's vom 7., 22. und 28. Februar 1778 und Köchel's Verzeichniß Nr. 307 und 308.

ders Leben zu wissen. Hiemit folgen einige aus seiner Kindheit, im Falle Sie solche gebrauchen wollen.[1]

Die Abschriften von einigen seiner Messen habe ich nach dem Tode meines Vaters in das Kloster zum heil. Kreuz nach Augsburg geschickt. Die Sparten davon hatte mein Bruder seel.

Alle mitgetheilte Stücke hoffe ich seiner Zeit wieder zurück zu erhalten.

Ich übersende Ihnen auch einen Kupferstich, der wie wir in Paris waren gestochen wurde[2]. Hieraus sehen Sie, daß mein Bruder ein recht hübsches Kind war. Erst nach den Blattern hatte er sich so verunstaltet, und noch mehr, wie er von Italien zurückgekommen, bekam er die welsche gelbe Farbe, die ihn ganz unkenntlich machte. Er war ein kleines, doch proportionirtes Kind.

St. Gilgen den 8. Febr. 1800.

..... Um aber meine Dankbarkeit für die überschickten Hefte zu bezeigen, so übersende ich Ihnen eine Fuge

---

[1] Nun folgen die vier „Anekdoten", die in der Leipziger Allg. Musik. Zeitung vom 22. Januar 1800 (S. 300) ziemlich genau und zum Theil wörtlich veröffentlicht sind. Nur die erste von ihnen hat in der Zeitung einige unwesentliche Zuthaten bekommen. Im Briefe lautet sie so:

1 ten. Da die Reisen, so wir machten, ihn in unterschiedene Länder führten, so kann er sich, während daß wir von einem Ort in das andere fuhren, ein Königreich aus, welches er das Königreich Rücken nannte. Er sagte, er wäre der König von diesem Reiche, und unser Bediente, der ein wenig zeichnen konnte, mußte eine Karte davon machen, wovon er ihm die Namen der Städte, Märkte und Dörfer dictirte.

Die Melodie, von der in der zweiten Anekdote die Rede ist und welche in der Zeitung weggeblieben ist, findet man in Nissen's Biographie S. 35.

[2] Wahrscheinlich der Stich von Delafosse. Vgl. O. Jahn a. a. O., 2. Ausg. I. 35, II. 739.

und Praeludium, so mein Bruder für mich gemacht hat, und da ich es in Manuscript wie Sie sehen besitze, so können Sie versichert sein, daß es in keiner andern Hand sein kann[1]. Hier folgen auch von 3 Sonaten die Anfangsthemen, die ich in Abschrift besitze.[2]

Sonata I.

Sonata II.

Sonata III.

Auch habe ich eine ganz kleine Nachtmusik, bestehend in 2

---

[1] Ohne Zweifel das in Köchel's Verzeichniß unter Nr. 394 angeführte Werk.

[2] Köchel führt die 3 Sonaten (Verz. S. 517) unter den zweifelhaften Compositionen an. Jetzt gehören sie zu den verloren gegangenen. Denn daß die Sonaten echt sind oder waren, kann nach dem Zeugniß der Schwester nicht bezweifelt werden.

Violin und Basso. Da es aber eine sehr simple Composition, die er in sehr frühen Jahren gemacht hat, ist, so getraute ich mir nicht, solche zu schicken, da sie mir zu unbedeutend schien.[1]

Des Herrn Prof. Niemtschek's Biographie machte mein schwesterliches Gefühl gegen meinen so innig geliebten Bruder wieder ganz rege, so daß ich öfters in Thränen zerfloß, da ich erst itzt mit der traurigen Lage, in der sich mein Bruder befand, bekannt wurde.[2]

St. Gilgen den 23. März 1800.

Ich habe Ihnen nun nichts mehr zu schicken, als die 3 Sonaten, so Sie verlangten, und 2 Stücke, welche seine erste Composition auf 4 Hände waren.[3]

---

[1] Von dieser Composition haben wir keine Kenntniß.

[2] Auf obigen Brief antworten Breitkopf u. Härtel am 28. Februar 1800 u. A. Folgendes: „Ueberhaupt lassen uns sehr viele eigenhändige Briefe Ihres an Geist und Herzen großen Herrn Bruders, welche er an mehrere seiner vertrauten Freunde und selbst an seine Gattin schrieb und in deren Besitz wir gekommen sind, oft mit Wehmuth bedauern, daß er in manchen wichtigen Dingen nicht glücklich war und daß sein emporstrebender Geist mit so manchen Hindernissen zu kämpfen hatte. Mit Dankbarkeit und Achtung werden wir in seiner Biographie das, was wir bereits von Ihnen wissen, so wie die Aeußerungen Ihrer schwesterlichen Zärtlichkeit für denselben und Ihre Bereitwilligkeit, uns sowohl in dieser Lebensbeschreibung als in der Herausgabe seiner Werke zu unterstützen, aufnehmen. Möchten wir dies auch von seiner Wittwe thun können! Doch diese scheint einen augenblicklichen Vortheil allen Rücksichten auf das Andenken ihres Gatten vorzuziehen".

[3] Die 3 Sonaten sind die in dem Briefe vom 8. Februar erwähnten. Die vierhändigen Stücke sind als verloren zu betrachten. Eines derselben ist wohl das, worüber der Vater am 9. Juli 1765 aus London schreibt: „In London hat Wolfgangerl sein erstes Stück für vier Hände gemacht". (S. Nissen's Biographie S. 102.)

www.ingramcontent.com/pod-product-compliance
Lightning Source LLC
Chambersburg PA
CBHW030348170426
43202CB00010B/1296